Außerhochschulisch erworbene Kompetenzen anrechnen

Helmar Hanak • Nico Sturm

Außerhochschulisch erworbene Kompetenzen anrechnen

Praxisanalyse und Implementierungsempfehlungen

 Springer VS

Helmar Hanak
Philipps-Universität Marburg
Deutschland

Nico Sturm
Technische Hochschule Mittelhessen
Gießen, Deutschland

Dieses Vorhaben wird aus Mitteln des Bundesministeriums für Bildung und Forschung und aus dem Europäischen Sozialfonds der Europäischen Union mit dem Förderkennzeichen: 16OH11009 und 16OH11010 gefördert.

EUROPÄISCHE UNION · Europäischer Sozialfonds für Deutschland

GEFÖRDERT VOM
Bundesministerium für Bildung und Forschung

ISBN 978-3-658-09456-0   ISBN 978-3-658-09457-7 (eBook)
DOI 10.1007/978-3-658-09457-7

Die Deutsche Nationalbibliothek verzeichnet diese Publikation in der Deutschen Nationalbibliografie; detaillierte bibliografische Daten sind im Internet über http://dnb.d-nb.de abrufbar.

Springer VS
© Springer Fachmedien Wiesbaden 2015

Gedruckt auf säurefreiem und chlorfrei gebleichtem Papier

Springer Fachmedien Wiesbaden ist Teil der Fachverlagsgruppe Springer Science+Business Media (www.springer.com)

Inhalt

Abbildungs- und Tabellenverzeichnis

1 Einleitung

Die wissenschaftliche Weiterbildung hat in den letzten 15 Jahren gesteigerte Aufmerksamkeit erfahren. Obwohl Weiterbildung bereits im Hochschulrahmengesetz (HRG) von 1976 als Aufgabe der Hochschulen benannt wird, wurde sie erst im Zuge der fünften Novelle des Gesetzes im Jahre 1998 als Kernaufgabe von Hochschulen[1] definiert. Sie steht seitdem scheinbar gleichberechtigt als dritte Säule neben Forschung und Lehre beziehungsweise Studium und erfährt einen enormen Bedeutungszuwachs (vgl. Klingowsky 2012, S. 143).

„Mit der Novellierung des HRGs im Jahr 1998 kam der wissenschaftlichen Weiterbildung eine Neubestimmung und wesentliche Aufwertung zu: Sollten die Hochschulen nach § 21 HRG alter Fassung lediglich Möglichkeiten der Weiterbildung entwickeln und anbieten, so wird die wissenschaftliche Weiterbildung nach der Novellierung in § 2 HRG (1) als Kernaufgabe der Hochschulen neben Forschung, Lehre und Studium bestimmt" (Faulstich/Graessner/Bade-Becker 2007, S. 93).

Nicht zuletzt hat die Bologna-Erklärung aus dem Jahre 1999 und die darin enthaltene Forderung nach der Einführung eines gestuften Studiensystems sowie die Orientierung am Prinzip des Lebenslangen Lernens nachhaltigen Einfluss auf die Auseinandersetzung mit dem Thema wissenschaftliche Weiterbildung genommen (vgl. Vogt 2012, S. 167). Diese Auseinandersetzung schlägt sich vor allem in hochschulpolitischen Empfehlungen und Stellungnahmen sowie wissenschaftlichen Studien zu diesem Themenbereich nieder (vgl. Wolter 2011, S. 8). Die Betonung der Weiterbildung als Aufgabe der Hochschulen hat einen Anstieg des Engagements der Hochschulen sowie die Entwicklung von Angeboten im Bereich der Weiterbildung zur Folge.

Innerhalb des Ausbaus und der Entwicklung von Angeboten kommt dem Thema Anerkennung und Anrechnung von außerhochschulisch erworbenen Kompetenzen ein wichtiger Stellenwert zu. So zielt das Lebenslange Lernen als eines der Schlüsselthemen des Bologna-Prozesses unter anderem auf die horizontale und vertikale Durchlässigkeit in einem vernetzten Bildungssystem, das „flexible Bildungswege für unterschiedliche Zielgruppen" ermöglicht (Hanft/ Maschwitz 2012, S. 114). Das Prinzip des Lebenslangen Lernens findet somit

---

[1] Im Folgenden sind mit dem Begriff ‚Hochschule' alle Universitäten, Hochschulen angewandter Wissenschaften (Universities of Applied Sciences), Fachhochschulen und sonstige fachliche Hochschulen gemeint, insofern keine explizite Differenzierung vorgenommen wird.

zunehmend Niederschlag in Maßnahmen zur Anrechnung beruflicher Kompetenzen (Hanft/Teichler 2007, S. 5).

„Der Anrechnung von vorgängig – formal, non-formal sowie informell – erworbenen Kompetenzen wird im Kontext der europäischen Bildungs- und Arbeitsmarktpolitik eine Schlüsselstellung für die Realisierung von Bildungs- und Arbeitskräftemobilität, für die strukturelle und soziale Durchlässigkeit der Bildungssysteme und die Ausgestaltung der Prozesse lebenslangen Lernens zugewiesen" (Freitag 2010, S. 6).

Resultierend aus der Orientierung an diesem Prinzip wird in der European Universities' Charter on Lifelong Learning von der Association of European Institutions of Higher Education (EUA) unter anderem die Wichtigkeit der Anerkennung von außerhochschulisch erworbenen Kompetenzen betont (vgl. Hanft/Maschwitz 2012, S. 115). Und „spätestens seit der Bologna-Nachfolgekonferenz 2003 in Berlin geht es im Bologna-Prozess auch darum, die ,Anerkennung früher erworbener Kenntnisse zu verbessern'," (Vogt 2012, S. 171) und als integralen Bestandteil innerhalb der Aktivitäten der Hochschulen zu verankern (vgl. Freitag 2010, S. 12). So werden auch im Bergener (2005) und im Londoner Kommuniqé (2007) die Forderungen nach Anerkennung und Anrechnung von außerhalb der Hochschule erworbenen Kompetenzen sowohl für den Hochschulzugang als auch auf das Studium bekräftigt (vgl. Hanft/Maschwitz 2012, S. 115). In diesen Kommuniqués ist festgehalten, dass Hochschulen und andere Akteure unterstützt werden, außerhalb der Hochschule erbrachte und erworbene formale, non-formale und informelle Kompetenzen (prior learning) anzuerkennen beziehungsweise anzurechnen (vgl. Vogt 2012, S. 171). Die Lissabon-Konvention aus dem Jahre 1997 stellt bereits „juristisch für das Thema Anerkennung/Anrechnung (recognition) im Hochschulraum *die* zentrale Grundlage dar" (Freitag 2010, S. 14).

„Ausdrücklich werden in der Lisbon Recognition Convention beide Aspekte von ,recognition' – die Anerkennung von hochschulisch sowie die von außerhochschulisch erworbenen Qualifikationen, Kompetenzen und Lernergebnissen – bearbeitet" (ebd.).

National wird das Thema Anerkennung und Anrechnung von außerhochschulisch erworbenen Kompetenzen durch verschiedene richtungsweisende Beschlüsse und gesetzliche Grundlagen geregelt. Zu nennen sind hier der Beschluss der Kultusministerkonferenz (KMK) zur *Anrechnung von außerhalb des Hochschulwesens erworbenen Kenntnissen und Fähigkeiten auf ein Hochschulstudium* (2002) und der darauf folgende KMK-Beschluss zur Anrechnung II

(2008). Diese stellen die Grundlage für die Umsetzung der Anerkennung und Anrechnung an deutschen Hochschulen dar.

> „Die Verbesserung der Durchlässigkeit des Bildungssystems ist dabei eine wesentliche Voraussetzung, um vorhandene Potentiale zu erschließen und zu fördern. Ein wichtiger Ansatzpunkt ist in diesem Zusammenhang der Übergang beruflich qualifizierter Personen in den Hochschulbereich unter Anrechnung außerhalb des Hochschulbereichs erworbener Kenntnisse und Fähigkeiten, sodass sich die Studiendauer verkürzt und damit die Schwelle zur Aufnahme eines Studiums absinkt" (Beschluss der Kultusministerkonferenz vom 18.09.2008, S. 1).

Die KMK-Beschlüsse zur Anrechnung I und II haben (teilweise) Eingang in den KMK-Beschluss *Ländergemeinsame Strukturvorgaben* (2003, 2007, 2008 und 2010) gefunden. So wird in den *Ländergemeinsamen Strukturvorgaben* festgelegt, dass „nachgewiesene gleichwertige Kompetenzen, die außerhalb des Hochschulbereichs erworben wurden, [...] bis zur Hälfte der für den Studiengang vorgesehenen Leistungspunkte anzuerkennen [sind]" (Beschluss vom 10.10.2003 i.d.F. vom 04.02.2010, S. 3). Im Beschluss *Bachelor- und Masterabschlüsse in der beruflichen Bildung* wird festgehalten, dass sich die Wirtschaftsministerkonferenz (WMK) und die KMK „für weitreichende Anrechnungsmöglichkeiten für die außerhalb von Hochschulen erworbenen Kenntnisse und Fähigkeiten" einsetzen, um „den Übergang beruflich qualifizierter Bewerber in den Hochschulbereich zu erleichtern und die Schwelle zur Aufnahme eines Studiums für diesen Personenkreis abzusenken" (Beschluss der Wirtschaftsministerkonferenz vom 15./16.12.2008 und der Kultusministerkonferenz vom 05.02.2009, S. 1). Auch innerhalb des Positionspapiers der Hochschulrektorenkonferenz (HRK) zur wissenschaftlichen Weiterbildung (vgl. Hochschulrektorenkonferenz 2008) heißt es: „Die Unterstützung lebenslangen Lernens und die Sicherstellung von Durchlässigkeit und Anrechenbarkeit früher erworbener Kompetenzen werden als Aufgabe der Hochschulen insgesamt, sowohl in der Lehre als auch in der Weiterbildung verstanden" (Hochschulrektorenkonferenz 2008, S. 3). Die jeweiligen Beschlüsse fanden Eingang in die Landeshochschulgesetze, in denen die Länder ihre Bildungshoheit im Hochschulbereich ausüben (vgl. Freitag 2011, S. 193).

Im Zuge der starken Betonung des Themas wurde dieses umfassend durch das ANKOM-Projekt sowie dessen Teilprojekte (2005-2008) vorangetrieben.

> „Zentrale Aufgabe der zwischen 2005 und 2007 geförderten Projekte ist die Entwicklung von Anrechnungsverfahren: wie können Lernergebnisse aus zwei Bildungsbereichen vergleichbar gemacht werden, wie kann eine „Kompetenz-Äquivalenz" wissenschaftlich belegt werden, welche Instrumente lassen sich nutzen und welche Herausforderungen stellen sich hierbei?" (Freitag 2008, S. 18)

Innerhalb des Projektes wurde das Feld der Anerkennung und Anrechnung aufbereitet und Instrumente zur „Anrechnung beruflicher Kompetenzen auf Hochschulstudiengänge an verschiedenen Standorten, in unterschiedlichen thematischen und organisatorischen Zusammenhängen sowie mit verschiedenen nichthochschulischen Partnern entwickelt, erprobt und dokumentiert" (Vogt 2012, S.
172 f.). Die Initiative umfasste dabei insgesamt zwölf Vorhaben, die thematisch
in den Ingenieurwissenschaften, Informationstechnologien, Gesundheits-, Sozi-
al- sowie den Wirtschaftswissenschaften verortet werden können (vgl. Freitag
2010, S. 25).

> „Zentrales Ergebnis der ANKOM-Entwicklungsprojekte ist es, demonstriert zu ha-
> ben, dass Anrechnung beruflicher Vorleistungen in Zusammenhang mit Hochschul-
> studiengängen möglich ist. Damit liegt eine ganze Reihe erprobter Methoden der
> Lernergebnisbeschreibung, der Prüfung von Äquivalenzen und der Gestaltung des
> Anrechnungsverfahrens vor" (Faulstich/Oswald 2010, S. 27).

Trotz dieser Bestrebungen zeigt das Ergebnis der *Internationalen Vergleichsstudie zur Struktur und Organisation der Weiterbildung an Hochschulen*, die
vom Bundesministerium für Bildung und Forschung (BMBF) in Auftrag gegeben wurde, dass deutsche Hochschulen sich nur zögerlich diesem Thema annähern und darüber hinaus im internationalen Vergleich zurückhängen (vgl. Vogt
2012, S. 171).

> „Die Studie ergibt, dass die deutschen Hochschulen in der Entwicklung, Etablie-
> rung und professionellen Durchführung der Weiterbildung international gesehen in
> nahezu allen Bereichen hinter den Vergleichsländern zurück bleiben" (Hanft/Knust
> 2007, S. I).

Eine weitere empirische Erhebung von Faulstich u.a. (vgl. 2007, S. 142) kommt
zu einem ähnlichen Ergebnis, dass von 7029 weiterbildenden Angeboten, die in
einer Internetrecherche analysiert wurden, lediglich innerhalb von 254 Angeboten Angaben zu Anrechnungsmöglichkeiten gemacht werden.
    Aus den bisher beschrieben Aspekten lässt sich ableiten, dass die Thematik
der Anerkennung und Anrechnung außerhochschulisch erworbener Kompetenzen bildungspolitisch eine hohe Relevanz besitzt und die rechtlichen Rahmenbedingungen großen Spielraum bieten. Dennoch wird seitens der Hochschulen
wenig Innovationskraft gezeigt, Verfahren zu implementieren.
    Vor diesem Hintergrund stellen sich folgende Fragen:

▪   Welche Modelle der Anerkennung und Anrechnung sind in der einschlägigen
    Literatur enthalten beziehungsweise werden bereits praktiziert und wie kön-
    nen diese systematisiert werden?

- Können die Modelle abstrahiert beziehungsweise generalisiert werden und für Angebote der wissenschaftlichen Weiterbildung nutzbar gemacht werden?
- Welche Gründe für die Zurückhaltung in Bezug auf Anerkennung und Anrechnung lassen sich identifizieren?

Um diese Fragen beantworten zu können, bedarf es zunächst der genauen Betrachtung der rechtlichen Rahmenbedingungen für die Anerkennung und Anrechnung von außerhochschulisch erworbenen Kompetenzen sowohl im Allgemeinen als auch speziell für Hessen. Dieser Schritt wird als notwendig angesehen, da die rechtlichen Vorgaben den Handlungsspielraum definieren, in dem Anerkennung und Anrechnung außerhochschulisch erworbener Kompetenzen stattfinden kann. Im Anschluss daran erfolgt die Aufbereitung der bisher vorliegenden Erkenntnisse zum Thema Anerkennung und Anrechnung durch eine Sekundäranalyse einschlägiger Literatur. Darüber hinaus wird eine umfassende Analyse der Studien- und Prüfungsordnungen aller weiterbildenden Studienangebote in Hessen durchgeführt. Damit sollten die zum Erhebungszeitraum bestehenden Verankerungen von Verfahren zur Anerkennung und Anrechnung in der wissenschaftlichen Weiterbildung herausgearbeitet werden. Weiterhin wird eine Stichprobe aus den Studien- und Prüfungsordnungen der grundständigen hessischen Angebote gezogen und hinsichtlich der darin enthaltenen Verfahren zur Anerkennung und Anrechnung von Kompetenzen analysiert. Dahinter steht die Annahme, dass innerhalb der grundständigen Studienangebote mehr Erfahrungswerte in Bezug auf Anerkennung und Anrechnung vorhanden sind, da dieses Feld im Verhältnis zur wissenschaftlichen Weiterbildung an Hochschulen eine längere Historie hat. Zudem werden die Studien- und Prüfungsordnungen der ANKOM-Projekte mit dem Ziel betrachtet, die Bedeutung der Verankerung von Verfahren der Anerkennung und Anrechnung in den Studien- und Prüfungsordnungen für die tatsächliche Umsetzung zu ermitteln. Basierend auf den gewonnenen Erkenntnissen aus den bis zu diesem Zeitpunkt erfolgten Analyseschritten werden Hochschulen identifiziert, die sich in besonderem Maße in Bezug auf Anerkennung und Anrechnung von Kompetenzen engagieren, und die dort für diese Thematik zuständigen Expert_innen befragt. Mit einer systematischen qualitativen Auswertung kann so ein Bild vom Stand der Thematik in der Hochschullandschaft gezeichnet werden. In einem letzten Schritt werden die erarbeiteten Ergebnisse abstrahierend strukturiert und somit für die Adaptierung auf zukünftige Angebote der wissenschaftlichen Weiterbildung nutzbar gemacht sowie Möglichkeiten zur nachhaltigen Implementierung beschrieben.

2 Methodisches Vorgehen

Im Folgenden wird das methodische Vorgehen beschrieben und ein Überblick zum Ablauf der einzelnen Analyseschritte gegeben.

2.1 Analyse der rechtlichen Rahmenbedingungen in Hessen

Zunächst erfolgt die Analyse und Aufbereitung der rechtlichen Rahmenbedingungen zur Anerkennung und Anrechnung in Hessen. In der Analyse der rechtlichen Rahmenbedingungen werden sowohl die übergeordneten Beschlüsse der KMK als auch das Hessisches Hochschulgesetz (HHG) sowie die einschlägig relevanten Verordnungen berücksichtigt. Dieser Analyseschritt erfolgt, um die rechtlichen Rahmenbedingungen transparent darzustellen. Somit besteht die Möglichkeit, dass nicht alle Modelle der Anerkennung und Anrechnung, die mittels der Sekundäranalyse oder durch die inhaltsanalytische Auswertung von Studien- und Prüfungsordnungen ermittelt werden, in Hessen Umsetzung finden können. Die Aufbereitung der rechtlichen Rahmenbedingungen beziehungsweise Regelungen ist deshalb notwendig, um die vorhandenen Modelle der Anerkennung und Anrechnung mit diesen abzugleichen und somit eine Einschätzung bezüglich der Verwendbarkeit für hessische Hochschulen treffen zu können. Sie dient somit als Analysefolie für den Schritt der Adaptierung auf die entwickelten Initiativen. Zudem kann später ermittelt werden, ob die in Hessen geltenden gesetzlichen Rahmenbedingungen zur Anerkennung und Anrechnung von den Hochschulen ausgeschöpft werden.[2]

2.2 Sekundäranalyse

In einem weiteren Schritt wird eine Sekundäranalyse der ANKOM-Literatur sowie weiterer einschlägiger Literatur zum Thema Anrechnungs- und Anerkennungsmodelle vorgenommen. Die Auswahl des Materialkorpus erfolgt dabei unter der Maßgabe, dass es die Zielsetzung der ANKOM-Initiative war, Verfah-

---

2 Da sich der Geltungsbereich der hier vorliegenden Arbeit im Kern auf Hessen bezieht, wird an dieser Stelle auf das Hessische Hochschulgesetz (HHG) verwiesen. Die entsprechenden Gesetze der anderen Bundesländer können abweichende Regelungen beinhalten.

ren zu entwickeln, die eine Anrechnung von bereits erworbenen Kompetenzen auf Hochschulstudiengänge vereinfachen. Zugleich werden Erkenntnisse über Konstruktions- und Implementationsfragen innerhalb der ANKOM-Initiative gewonnen, mit dem Ziel, diese bekannt zu machen und die Ergebnisse für Anbieter von wissenschaftlicher Weiterbildung zur Verfügung zu stellen (vgl. Homepage des ANKOM-Projektes). Somit legte die ANKOM-Initiative den Grundstein für Forschung und Diskussionen im Bereich der Anrechnung beruflicher Kompetenzen auf Hochschulstudiengänge (vgl. ebd.) und die in diesem Kontext erschienenen Veröffentlichungen und Publikationen müssen deshalb als wichtig für diesen Themenbereich erachtet werden. Darüber hinaus sollten aber auch solche Modelle der Anerkennung und Anrechnung Berücksichtigung finden, die nicht im Kontext der ANKOM-Initiative entwickelt wurden oder praktiziert werden. Um diese ausreichend in die Sekundäranalyse einzubeziehen, werden weitere einschlägige Veröffentlichungen und Publikationen zu dem beschriebenen Themenkomplex berücksichtigt. Es handelt sich bei der Sekundäranalyse der einschlägigen Literatur demnach um eine umfassende Zusammenstellung vorhandener Erkenntnisse zum Themenkomplex Anerkennung und Anrechnung mit Blick auf Definitionen, Anerkennungs- beziehungsweise Anrechnungsarten, -verfahren sowie Implementierungsmöglichkeiten. Die systematisierende Zusammenschau erfolgt auf der Basis einer Matrix, die sowohl die Abschlussarten Master, Bachelor und Zertifikate als auch die Unterscheidung Anerkennung und Anrechnung einbezieht. Des Weiteren wird innerhalb der Abschlussarten nach der Anerkennung beziehungsweise Anrechnung formaler, non-formaler und informeller Kompetenzen und Fähigkeiten unterschieden sowie nach pauschalen und individuellen Verfahren differenziert. Anhand dieser theoretischen Matrix können Aussagen getroffen werden, wo Häufungen oder Leerstellen mit Blick auf die verschiedenen in der Literatur beschriebenen Modelle und Verfahren festzustellen sind.

Abschlussart	Erwerbsart	Anerkennung		Anrechnung	
		Pauschal	Individuell	Pauschal	Individuell
Master	Formal				
	Non-formal				
	Informell				
Bachelor	Formal				
	Non-formal				
	Informell				
Zertifikate	Formal				
	Non-formal				
	Informell				

Tabelle 1:   Erhebungsmatrix

2.3 Inhaltsanalytische Auswertung der Allgemeinen Bestimmungen und der Studien- und Prüfungsordnungen

Die Entscheidung für eine inhaltsanalytische Auswertung der Allgemeinen Bestimmungen[3] und der Studien- und Prüfungsordnungen basiert auf der Überlegung, dass die KMK-Beschlüsse zur Anerkennung und Anrechnung Eingang in Landeshochschulgesetze gefunden haben. Allerdings werden die Verfahren zur Anerkennung und Anrechnung in vielen Landeshochschulgesetzen – so auch im Hessischen Hochschulgesetz – nicht präzisiert[4]. Vielmehr wird die Ausgestaltung der jeweiligen Hochschule beziehungsweise durchführenden Stelle auferlegt. Daraus resultiert die Schlussfolgerung, dass Modelle und Verfahren zur Anerkennung und Anrechnung innerhalb der Allgemeinen Bestimmungen von Hochschulen beziehungsweise innerhalb der Studien- und Prüfungsordnungen der einzelnen Studiengänge beschrieben werden. Aus diesen Überlegungen lassen sich die folgenden Forschungsfragen ableiten:

- Lassen sich Modelle und Verfahren auf Ebene der Hochschulen in den Allgemeinen Bestimmungen und auf der Ebene der Studiengänge in den Studien- und Prüfungsordnungen finden?
- Wenn ja, wie unterscheiden sich diese und können die Ergebnisse zu generalisierten Verfahren abstrahiert werden?

Durch diesen Zugriff kann untersucht werden, inwieweit sich die theoretischen Anrechnungs- und Anerkennungsverfahren innerhalb der Allgemeinen Bestimmungen beziehungsweise in den bestehenden Studien- und Prüfungsordnungen widerspiegeln und somit praktische Umsetzung und Anwendung erfahren.

2.3.1 Sample

In einem ersten Schritt werden die Allgemeinen Bestimmungen und die Studien- und Prüfungsordnungen der Angebote der wissenschaftlichen Weiterbildung mit den verschiedenen Abschlussarten (Weiterbildungsmaster und Zertifikatskurse) aller hessischen (privaten) Hochschulen analysiert (n=283)[5]. Nicht berücksichtigt werden dabei die Kunsthochschulen, die theologischen Fach-

---

3   Mit dem Begriff ‚Allgemeine Bestimmungen' sind Rahmenordnungen für Studiengänge auf Hochschul- und Fachbereichsebene gemeint.

4   Für eine Auflistung aller entsprechenden Auszüge aus den Landeshochschulgesetzen der Bundesrepublik Deutschland zur Anerkennung und Anrechnung außerhochschulisch erworbener Kompetenzen siehe hierzu Hanak H./Sturm N. 2015: „Anerkennung und Anrechnung außerhochschulisch erworbener Kompetenzen – Eine Handreichung für die wissenschaftliche Weiterbildung".

5   Vgl. Kapitel 5.1

hochschulen, Berufsakademien und die Verwaltungsfachhochschulen. Die Analyse von Zertifikatskursen erfolgt für Angebote, die der folgenden Definition entsprachen:

„Ein Zertifikat ist die Bescheinigung (Beglaubigung) bzw. der Nachweis einer Qualifikation. Hochschulen vergeben Zertifikate für die erfolgreiche Teilnahme an Veranstaltungen, Weiterbildungsprogrammen oder weiterbildenden Studien, die nicht zu einem akademischen Abschluss führen. Die Zertifikatsvergabe erfolgt meistens nach bestandener mündlicher oder schriftlicher Abschlussprüfung. Reine Teilnahmezertifikate der absolvierten Veranstaltungen oder Programme sind ebenfalls möglich" (Koordinationsstelle Netzwerk WissWeit: Glossar).

Somit können Zertifikate sowohl mit einer bloßen Teilnahme als auch mit einer Prüfungsleistung abgeschlossen und erworben werden. Sie haben in der Regel einen Mindestumfang von zehn ECTS-Punkten. Als Zertifikate gelten solche Angebote, die durch die anbietende Hochschule kostendeckend gestaltet sind. Zudem werden solche Angebote berücksichtigt, die als Zertifikate durch die anbietende Institution benannt werden und nicht allen aufgeführten Kriterien entsprechen.

Dieses Sample wurde ausgewählt, um zunächst die bereits bestehenden und in der praktischen Umsetzung und Anwendung befindlichen Verfahren zu erheben, die auf der rechtlichen Grundlage der hessischen Gesetzgebung für den Bereich der wissenschaftlichen Weiterbildung entwickelt wurden. Im Rahmen dieser Analyse werden die Allgemeinen Bestimmungen sowie die Studien- und Prüfungsordnungen weiterbildender wissenschaftlicher Angebote von zwanzig Hochschulen einbezogen (siehe Tabelle 2)

In einem zweiten Schritt werden die Allgemeinen Bestimmungen und die Studien- und Prüfungsordnungen grundständiger Bachelor- und konsekutiver Masterstudiengänge ausgewählter hessischer Hochschulen analysiert (n=564). Diesem Analyseschritt liegt die Annahme zugrunde, dass im Bereich der grundständigen Bachelor- und der konsekutiven Masterstudiengänge bereits mehr Erfahrungen mit den neuen Studiengangformaten und der damit verbundenen Anforderung, Anerkennung und Anrechnung vorzunehmen, vorliegen als im vergleichsweise jungen Feld der wissenschaftlichen Weiterbildung. Dabei werden neben den Allgemeinen Bestimmungen alle Studien- und Prüfungsordnungen der grundständigen Bachelor- und konsekutiven Masterstudiengänge von zwei Universitäten sowie von drei Fachhochschulen[6] berücksichtigt. Darüber hinaus erfolgt die Einbeziehung der Allgemeinen Bestimmungen ausgewählter Studiengänge einer weiteren Universität und einer privaten Fachhochschule.

---

6 Im Folgenden sind mit ‚Fachhochschule' alle Hochschulen angewandter Wissenschaften (Universities of Applied Science), Fachhochschulen und sonstige fachliche Hochschulen gemeint, insofern keine explizite Differenzierung vorgenommen wird.

Hochschulen mit Promotionsrecht (7):	(Private) Hochschulen und Fachhochschulen staatlicher und kirchlicher Trägerschaft ohne Promotionsrecht (13):
Technische Universität Darmstadt	Evangelische Hochschule Darmstadt
Johann Wolfgang Goethe-Universität	Fachhochschule Frankfurt am Main
Justus-Liebig-Universität Gießen	Technische Hochschule Mittelhessen
Universität Kassel	Hochschule Fulda
Philipps-Universität Marburg	Hochschule RheinMain
Frankfurt School of Finance & Management	Accadis Hochschule Bad Homburg
	Diploma Hochschule Bad Sooden Allendorf
EBS Universität für Wirtschaft und Recht Oestrich-Winkel	Hochschule Fresenius Idstein
	FOM Hochschule Frankfurt
	Wilhelm Büchner Fernfachhochschule Darmstadt
	Hochschule Darmstadt
	Provadis School of International Management and Technology
	Frankfurt School of Finance und Management, Frankfurt

Tabelle 2: Analysesample der hessischen Hochschulen (http://www.hmwk-hessen.de/hochschulen_uebersicht.php – 18.10.2012)

Über das beschriebene Sample hinaus werden die Hochschulen einbezogen, die in das ANKOM-Projekt eingebunden waren. Die Analyse dieser Hochschulen fokussiert sowohl die Allgemeinen Bestimmungen als auch die Studien- und Prüfungsordnungen aller durch das ANKOM-Projekt geförderten Angebote, unabhängig davon, ob diese grundständig oder weiterbildend angeboten werden (n=53). Die Auswahl dieses Samples erfolgt aus der Überlegung heraus, dass die Hochschulen, die in die ANKOM-Initiative eingebunden sind, in besonderem Maße an der Entwicklung und Umsetzung von Modellen und Verfahren der Anerkennung und Anrechnung beteiligt sind und vor diesem Hintergrund die Analyse dieser mit Blick auf die Forschungsfragen besonders ertragreich sein soll.

Inhaltsanalytisches Vorgehen

Im ersten Prozessschritt erfolgt die Erstellung eines deduktiven – auf theoretischen Annahmen und Hypothesen beruhenden – Kategoriensystems, da dieses in qualitativen Inhaltsanalysen das zentrale Instrument der Analyse darstellt (vgl. Mayring 2003, S. 43). Daher werden sowohl die Allgemeinen Bestimmungen als auch die Studien- und Prüfungsordnungen des beschriebenen Samples (vgl. Kapitel 2.3.1) anhand der Kategorien *Anerkennung* und *Anrechnung* (vgl. Tabelle 1) ausgewertet und diesen zugeordnet.

Anerkennung bezeichnet den Prozess der Prüfung (außer-)hochschulisch erworbener Kompetenzen auf ihre Gleichwertigkeit zu den im Studiengang vermittelten Kompetenzen. Wird diese Gleichwertigkeit festgestellt, können die Kompetenzen, die als gleichwertig anerkannt wurden, somit in einem weiteren Schritt dazu genutzt werden, um

- auf zu erbringende Leistungen aus einem (Weiter-)Bildungsangebot (zum Beispiel (Weiterbildungs-) Studiengang, Zertifikatskurs, etc.) angerechnet zu werden.
- im Rahmen der Zulassung zu einem (Weiter-)Bildungsangebot fehlende ECTS-Punkte auszugleichen. (vgl. Hanak/Sturm 2015, S. 19)

Unter *Anrechnung* wird der Vorgang des Ersetzens einer oder mehrerer Studien- und Prüfungsleistungen durch (außer-)hochschulisch erworbene Kompetenzen, die zuvor als gleichwertig anerkannt wurden, verstanden. Dies hat eine Reduzierung des Workloads eines (Weiter-)Bildungsangebots zur Folge und kann darüber hinaus eine zeitliche Verkürzung und/oder eine Reduzierung der Kosten für Teilnehmende bedeuten (vgl. ebd.).

Im Zuge dieses ersten Prozessschrittes werden für die Hochschulen Übersichten angefertigt. Für jede Hochschule werden dabei eigene Übersichten getrennt nach Abschlussarten erstellt (Bachelor- und grundständige beziehungsweise weiterbildende Masterstudiengänge sowie Zertifikatskurse).

Im zweiten Prozessschritt erfolgt eine präzisere Analyse der jeweiligen Hochschulen. Hierfür werden die bereits beschriebenen Kategorien *Anerkennung* und *Anrechnung* um Subkategorien erweitert (vgl. Tabelle 3). Sowohl für die Kategorie *Anerkennung* als auch die Kategorie *Anrechnung* werden die folgenden Subkategorien gebildet:

1. Ausführungen entlang der gesetzlichen Rahmenbedingungen: Das heißt, die Formulierungen der einschlägigen Gesetztestexte werden übernommen beziehungsweise neu formuliert.

2. Ausführungen entlang der gesetzlichen Rahmenbedingungen sowie spezifische Erweiterungen und/oder Präzisierung mit Ausführungen zur Durchführung: Das heißt, die Formulierungen der einschlägigen Gesetztestexte werden übernommen beziehungsweise neu formuliert. Darüber hinaus werden beispielsweise Angaben zur durchführenden Stelle (zum Beispiel Prüfungsausschuss) oder zu Verantwortungsbereichen (Verpflichtungen der antragstellenden Person) gemacht.

3. Detaillierte Beschreibung der Verfahrensweise: Das heißt, es erfolgen konkrete Beschreibungen der Modelle und Verfahrensweisen. Diese beruhen auf der gesetzlichen Grundlage, jedoch wird diese nicht ausschließlich zitiert.

Die durch die Übersichten systematisch erfassten Auszüge zu den Kategorien *Anerkennung* und *Anrechnung* werden mittels der beschriebenen Subkategorien weiter differenziert. Die Ausdifferenzierung der Kategorien ermöglicht es, sowohl Einzelfallanalysen als auch vergleichende Analysen anzufertigen.

Kategorie	Subkategorie	Universität 1	Universität 2	Hochschule 1	Hochschule 2
Anerkennung	Subkategorie 1				
	Subkategorie 2				
	Subkategorie 3				
Anrechnung	Subkategorie 1				
	Subkategorie 2				
	Subkategorie 3				

Tabelle 3:   Vergleichende Fallübersicht

Im dritten Prozessschritt werden die der ‚Subkategorie 3' zugeordneten Verfahrensbeschreibungen in die Erhebungsmatrix (vgl. Tabelle 1) überführt, die im Laufe der Sekundäranalyse entwickelt werden. Ziel ist es auch hier, anhand der Erhebungsmatrix Aussagen darüber treffen zu können, wo Häufungen oder Leerstellen mit Blick auf die verschiedenen in den Allgemeinen Bestimmungen und Studien- und Prüfungsordnungen beschriebenen Modelle und Verfahren festzustellen sind, um somit diesbezügliche Erkenntnisse anzureichern und ein Gesamtbild zu erzeugen.

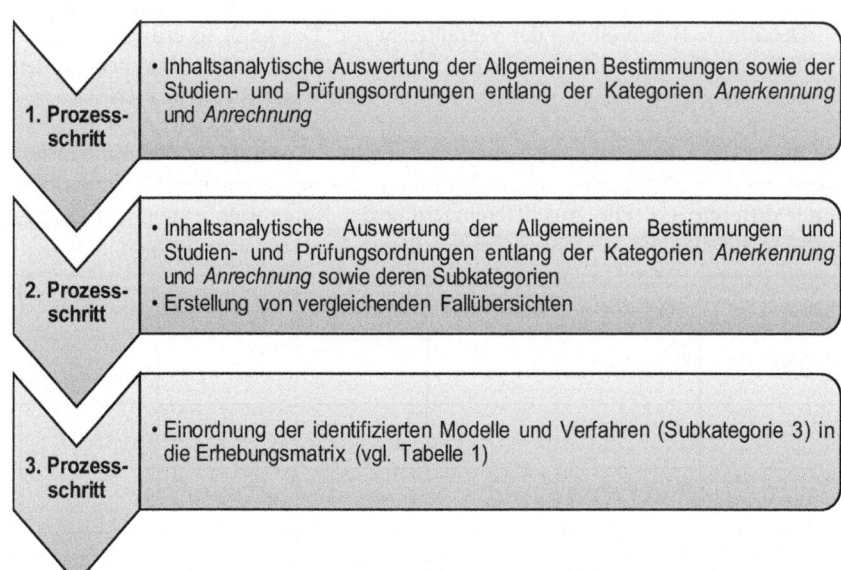

Abbildung 1:   Analyseablauf der inhaltsanalytischen Auswertung der Allge-
                   meinen Bestimmungen und Studien- und Prüfungsordnungen

2.4 Expert_inneninterviews

Im Rahmen des inhaltsanalytischen Vorgehens als besonders relevant betrachte-
te Verfahren beziehungsweise Verfahren mit einem scheinbar hohen Abstrakti-
ons- und Generalisierungspotential, sollen anhand von Expert_inneninterviews
erneut vertieft betrachtet und auf Übertragbarkeit und Verwendbarkeit in der
wissenschaftlichen Weiterbildung überprüft werden.

Im weiteren Verlauf des Forschungsprojektes werden daher Expert_innen-
interviews geführt und inhaltsanalytisch ausgewertet. Dieser Erhebungsschritt
zielt darauf ab, Wissen bezüglich der Implementierungserfahrungen von Personen zu erhalten, die im Bereich der Implementierung von Anerkennungs- und
Anrechnungsmodellen und -verfahren bereits auf fundierte Erfahrungen zurück-
greifen können. Die Methode des Expert_inneninterviews erweist sich für die
Durchführung dieses Prozessschrittes als besonders geeignet, da sie die Erhebung von exklusiven Wissensbeständen fokussiert und somit auf die Untersuchung des Betriebswissens abzielt. Das heißt, die Interviews sollen Aufschluss
über das Erfahrungswissen und die Faustregeln der Expert_innen geben, so wie
sie sich in alltäglichen Handlungsroutinen wieder finden (vgl. Meuser/Nagel
1997, S. 481). Die Relevanz von Expert_inneninterviews resultiert somit aus der

Erkenntnis, dass Menschen unterschiedliche Zugänge zu Wissensbeständen haben und es für bestimmte Rollen exklusive Wissensbestände gibt (vgl. Pfadenhauer 2005, S. 116). Damit handelt es sich um eine Untersuchung, die soziale Situationen und/oder Prozesse rekonstruiert und auf dieser Basis sozialwissenschaftliche Erkenntnisse und Erklärungen entwickeln kann (vgl. Gläser/Laudel 2010, S. 13). Expert_inneninterviews heben in der Folge auf einen „exponierten Personenkreis [ab], der im Hinblick auf das jeweilige Forschungsinteresse spezifisches Wissen mitbringt" und hinsichtlich des Erkenntnisinteresses einen deutlichen Wissensvorsprung aufweist (Liebold/Trinczek 2002, S. 35).

2.4.1 Leitfaden

Der Leitfaden für die Expert_inneninterviews konstituiert sich aus vier Themenblöcken, welche sich aus der Schnittmenge der Sekundärliteratur und der Recherche innerhalb der Hochschulen des Verbundprojektes generiert haben:

- Positionierung der Hochschule
- Verfahrensweise der Hochschule
- Organisation und Akzeptanz innerhalb der Hochschule
- Vernetzung und Einbettung der Hochschule

Als erster Themenblock spielt dabei die *Positionierung der Hochschule* eine besondere Rolle. Im Mittelpunkt des Erkenntnisinteresses dieses Blockes steht die Frage nach der strategischen Bedeutung von Anerkennung und Anrechnung für die Hochschulentwicklung und damit auch die Frage nach der Innovationskraft der Hochschule in diesem Bereich. Der Themenblock *Verfahrensweise der Hochschule* hat die Frage nach den angewandten Methoden und Modellen im Hinblick auf Anerkennung und Anrechnung zum Gegenstand. Hier werden auch die expliziten Verfahrensabläufe abgefragt und dokumentiert, bevor im Zuge des Blockes *Organisation und Akzeptanz innerhalb der Hochschule* die Implementierung der Verfahrensweisen in die Hochschulstrukturen abgefragt wird. Der letzte Themenkomplex befasst sich mit der *Vernetzung und Einbettung der Hochschule* in Verbindung mit dem Thema Anerkennung und Anrechnung. Hierbei stehen sowohl die Kooperation mit hochschulexternen Institutionen, als auch die Prognose über die künftige Entwicklung in Bezug auf Lebenslanges Lernen in Zusammenhang mit Anerkennung und Anrechnung außerhochschulisch erworbener Kompetenzen im Zentrum des Erkenntnisinteresses.

2.4.2 Auswahl der Expert_innen

Die Auswahl der Expert_innen erfolgt aus den Ergebnissen der inhaltsanalytischen Auswertung, sowohl der allgemeinen als auch der fachspezifischen Bestimmungen und der Studien- und Prüfungsordnungen der ANKOM-Projekte und der hessischen Hochschulen. Studien- und Prüfungsordnungen, die im Rahmen der fallorientierten Auswertung die Kriterien der zweiten und dritten Subkategorie (2. Ausführungen entlang der gesetzlichen Rahmenbedingungen sowie spezifische Erweiterungen und/oder Präzisierung mit Ausführungen zur Durchführung; 3. Detaillierte Beschreibung der Verfahrensweise) innerhalb der Kategorie *Anrechnung* erfüllen, werden zusammengezogen und im Vergleich auf besonders außergewöhnlich oder innovativ erscheinende Regelungen untersucht. Darüber hinaus werden weitere ‚Leuchttürme' im Feld der Anerkennung und Anrechnung außerhochschulisch erworbener Kompetenzen bei der Auswahl berücksichtigt. Im Rahmen dieser Betrachtungen lassen sich zehn Hochschulen (neun in Deutschland und eine im europäischen Ausland) identifizieren, deren entwickelte Systematiken von besonderer Bedeutung erscheinen. Bei der Auswahl der Institutionen wird des Weiteren berücksichtigt, dass sowohl Hochschulen aus dem Feld der ANKOM geförderten Projekte als auch aus dem Geltungsbereich des Hessischen Hochschulgesetzes – für die spätere Adaption und Implementierung in den Projektkontext – mit in die Auswahl einbezogen werden. An den jeweiligen Hochschulen werden dann die verantwortlichen Expertinnen und Experten für den Themenkomplex *Anerkennung und Anrechnung* identifiziert und gezielt als Gesprächspartner_innen aktiviert. Die erste Kontaktaufnahme findet durch die Autoren via postalischer Anfrage statt. Darauf erfolgen zur genauen Terminfindung und weiteren Klärungen über den Verlauf und Hintergrund der angestrebten Interviews telefonische Absprachen. Generell kann gesagt werden, dass die Bereitschaft zur Teilnahme an Expert_inneninterviews an allen angefragten Hochschulen groß ist. Bis auf eine mehrmals kontaktierte Hochschule können alle anderen angefragten Personen für ein Interview gewonnen werden. Die Durchführung der Interviews findet im gesamten Bundesgebiet sowie im europäischen Ausland statt. Der Erhebungszeitraum erstreckte sich von Mai bis September 2013.

2.4.3 Datenmaterial, Aufbereitung und Analyse des Materials

Das Datenmaterial liegt zunächst in Form von digitalen Aufzeichnungen vor. Eine der interviewten Expert_innen stimmt einer Aufnahme des Interviews nicht zu, sodass in diesem Fall handschriftliche Notizen als Auswertungsgrundlagen angefertigt werden. Die neun aufgezeichneten Interviews werden wörtlich transkribiert. Hierbei werden vereinfachte Transkriptionsregeln verwendet, da die Auswertung inhaltsbezogen und thematisch fokussiert ausgerichtet ist (vgl. Meuser/Nagel 2009, S. 476).

Aufgrund der den Interviewpartner_innen zugesicherten Anonymität werden bei der Darstellung der Ergebnisse Namen, Orte, Fach- und Arbeitsorte sowie Kooperationspartner_innen in den verwendeten Textpassagen im Sinne des Datenschutzes verändert. So kann die Möglichkeit, Rückschlüsse auf beteiligte Personen und genannte Akteur_innen zu schließen, so gering wie möglich gehalten werden (vgl. Hopf 2000, S. 596). An den entsprechenden Stellen in den Zitaten befinden sich eckige Klammern mit dem allgemeinen Begriff (beispielsweise [Hochschule], [Hochschulabteilung] und so weiter).

Um die Interviews und Zitate unterscheiden zu können, wird eine Kennzeichnung mit einem alphanumerischen Code vorgenommen. Zunächst erfolgt die Zuordnung zum Forschungsprojekt Anrechnungs- und Anerkennungsmodelle[7] durch die Verwendung des Buchstabens ‚K' (für Aner*k*ennung), worauf die fortlaufende Nummerierung der Interviews stattfindet (Anrechnung und Anerkennung Interview 1: K1, Anrechnung und Anerkennung Interview 2: K2 und so weiter). Die Bezeichnung der befragten Personen erfolgt analog zu der des entsprechenden Interviews (Befragte Person Anrechnung und Anerkennung Interview 1: BK1, Befragte Person Anrechnung und Anerkennung Interview 2: BK2 und so weiter). Da die Interviews von den beiden Autoren parallel geführt wird, ist ebenfalls eine Zuordnung von Abkürzungen erfolgt (Interviewer 1 Anrechnung und Anerkennung: IK1 sowie Interviewer 2 Anrechnung und Anerkennung: IK2).

Bei der Auswertung des Materials in Form von transkribierten Expert_inneninterviews wird thematisch-inhaltlich vorgegangen. Im Fokus dabei steht die Zusammenführung von Textpassagen mit thematisch ähnlicher Schwerpunktsetzung (vgl. Meuser/Nagel 2009, S. 476). Demzufolge werden vier Hauptkategorien gebildet, die sich inhaltlich am Interviewleitfaden orientieren (vgl. Kapitel 2.4.1). In einem weiteren Auswertungsschritt erfolgt die Ausarbeitung der Subkategorien auf Grundlage der spezifischen Interviewfragen. Mit diesem Kategoriensystem werden die zehn geführten Interviews mit der Software MAXQDA kodiert und inhaltsanalytisch ausgewertet.

---

7   Im Laufe der Forschungsarbeit wurde sich von den Autoren aus inhaltslogischen Gründen bei der Verwendung der Begriffe ‚Anrechnung' und ‚Anerkennung' für die Reihenfolge ‚Anerkennung und Anrechnung' entschieden. Der ehemals gewählte Projekttitel konnte aber in diesem Zusammenhang nicht mehr geändert werden.

2.5 Ergebnissicherung, Empfehlungen und Adaptierung

Abschließend werden die aus den Analysen und Auswertungen gewonnenen Erkenntnisse gebündelt dargestellt sowie im Kontext der wissenschaftlichen Weiterbildung betrachtet. Daraus abgeleitet werden Empfehlungen für die Hochschulen sowie für die im Verbund entwickelten berufsbegleitenden Weiterbildungsangebote. Ziel ist es, einen Beitrag dazu zu leisten, die Durchlässigkeit zwischen beruflicher und hochschulischer Bildung zu erhöhen sowie Handlungsempfehlungen für eine nachhaltige Implementierung von Verfahren zur Anerkennung und Anrechnung außerhochschulisch erworbener Kompetenzen an den drei mittelhessischen Hochschulstandorten zu geben.

3   Rechtliche Rahmenbedingungen der Anerkennung und Anrechnung

Die rechtlichen Rahmenbedingungen sind in verschiedenen Beschlüssen, Gesetzen und Verordnungen verankert. Die Grundlage der Umsetzung für die Anerkennung und Anrechnung an deutschen Hochschulen stellen die KMK-Beschlüsse zur *Anrechnung von außerhalb des Hochschulwesens erworbenen Kenntnissen und Fähigkeiten auf ein Hochschulstudium* (2002) und der darauf folgende KMK-Beschluss zur Anrechnung II (2008) dar.

Der erste Beschluss zur Anrechnung I (2002) umfasst drei Punkte. Während der erste Punkt die Voraussetzungen für die Anrechnung von außerhalb des Hochschulwesens erworbenen Kenntnissen und Fähigkeiten regelt, wird in Punkt zwei festgelegt, dass die außerhalb des Hochschulwesens erworbenen Kenntnisse und Fähigkeiten höchstens 50 Prozent eines Hochschulstudiums ersetzen dürfen. Punkt drei hält fest, dass „die Anrechnungsregelungen für Studien- und Prüfungsleistungen, die an Berufsakademien erworben wurden", unberührt bleiben (Beschluss der Kultusministerkonferenz vom 28.06.2002). Punkt eins wird im Detail wie folgt ausgeführt:

> „1. Außerhalb des Hochschulwesens erworbene Kenntnisse und Fähigkeiten können im Rahmen einer – gegebenenfalls auch pauschalisierten – Einstufung auf ein Hochschulstudium angerechnet werden, wenn
> 1.1 die für den Hochschulzugang geltenden Voraussetzungen – gegebenenfalls auch über die Möglichkeiten des Hochschulzugangs für besonders qualifizierte Berufstätige – gewährleistet werden;
> 1.2 sie nach Inhalt und Niveau dem Teil des Studiums gleichwertig sind, der ersetzt werden soll;
> 1.3 entsprechend den Grundsätzen des neuen Qualitätssicherungssystems im Hochschulbereich die qualitativ-inhaltlichen Kriterien für den Ersatz von Studienleistungen durch außerhalb des Hochschulwesens erworbene Kenntnisse und Fähigkeiten im Rahmen der Akkreditierung überprüft werden" (Beschluss der Kultusministerkonferenz vom 28.06.2002).

Der im Jahre 2008 erschienene Beschluss zur Anrechnung II präzisiert den kurz gefassten Anrechnungsbeschluss von 2002 (vgl. Freitag 2011, S. 192). Unter Punkt eins dieses Beschlusses werden die mit Anerkennung und Anrechnung verbundenen Zielsetzungen wie folgt formuliert:

„Die Verbesserung der Durchlässigkeit des Bildungssystems ist dabei eine wesentliche Voraussetzung, um vorhandene Potentiale zu erschließen und zu fördern. Ein wichtiger Ansatzpunkt ist in diesem Zusammenhang der Übergang beruflich qualifizierter Personen in den Hochschulbereich unter Anrechnung außerhalb des Hochschulbereichs erworbener Kenntnisse und Fähigkeiten, sodass sich die Studiendauer verkürzt und damit die Schwelle zur Aufnahme eines Studiums absinkt" (Beschluss der Kultusministerkonferenz vom 18.09.2008, S. 1).

Die Ausgangssituation stellt dabei der Beschluss zur *Anrechnung von außerhalb des Hochschulwesens erworbenen Kenntnissen und Fähigkeiten auf ein Hochschulstudium* (2002). Anrechnung kann durch eine individuelle Einzelfallprüfung von Unterlagen einzelner Bewerber_innen, durch pauschale Verfahren, in denen außerhalb der Hochschule erbrachte Leistungen von homogenen Bewerber_innengruppen (Personen, die alle einen speziellen Lehrgang absolviert haben, der als solcher angerechnet werden kann) sowie durch eine Einstufungsprüfung, die mittels eines Prüfungsverfahrens auf der zugrunde liegenden Prüfungsordnung geregelt wird, erfolgen. Allerdings wird gesondert darauf verwiesen, dass „die Anrechnung außerhalb des Hochschulwesens erworbener Kenntnisse und Fähigkeiten auf ein Hochschulstudium getrennt von der Frage der Hochschulzugangsberechtigung [zu sehen ist], die immer Voraussetzung für die Aufnahme eines Studiums ist, wobei Zugangsprüfung und Einstufungsprüfung verfahrenstechnisch und organisatorisch verbunden werden können" (Beschluss der Kultusministerkonferenz vom 18.09.2008, S. 2). Ob und in welchem Umfang außerhochschulisch erworbene Kompetenzen anerkannt beziehungsweise angerechnet werden, liegt in der Zuständigkeit der jeweiligen Hochschule. Allerdings sind die Hochschulen dazu verpflichtet, von „den bestehenden Möglichkeiten der Anrechnung Gebrauch zu machen und Verfahren und Kriterien für die Anrechnung außerhalb des Hochschulwesens erworbener Kenntnisse und Fähigkeiten in den jeweiligen Prüfungsordnungen zu entwickeln" (Beschluss der Kultusministerkonferenz vom 18.09.2008, S. 3). Die Entwicklung bezieht dabei sowohl individuelle als auch pauschale Verfahren ein, das heißt, dass neben der pauschalen Anrechnung durch vorangegangene Äquivalenzprüfungen auch individuelle Einzelfallprüfungen vorgenommen werden können. Um die Qualität zu sichern, muss ein wesentlicher Teil (mindestens 50 Prozent) der Leistungen an der jeweiligen Hochschule absolviert werden und liegt somit „in der unmittelbaren Verantwortung" der jeweiligen Hochschule (Beschluss der Kultusministerkonferenz vom 18.09.2008, S. 4). Um Transparenz zu gewährleisten, müssen außerhochschulisch erbrachte Leistungen im Diploma Supplement ausgewiesen werden. Für Franchise-Konstellationen, bei denen die Gradverleihung durch eine ausländische Hochschule erfolgt, gelten gesonderte Regelungen, die unter Punkt 3.2 Abschlüsse ausländischer Hochschulen geregelt werden. Abschließend werden in diesem Dokument die Ergebnisse zusammengefasst sowie weitere Schritte festgehalten.

Die KMK-Beschlüsse zur Anrechnung I und II haben (teilweise) Eingang in den KMK-Beschlüsse *Ländergemeinsame Strukturvorgaben* (2003, 2007, 2008 und 2010) gefunden. So wird in den *Ländergemeinsamen Strukturvorgaben* festgelegt, dass „nachgewiesene gleichwertige Kompetenzen, die außerhalb des Hochschulbereichs erworben wurden, [...] bis zur Hälfte der für den Studiengang vorgesehenen Leistungspunkte anzuerkennen [sind]" (Beschluss der Kultusministerkonferenz vom 10.10.2003 i.d.F. vom 04.02.2010, S. 3). Des Weiteren wird in diesem Beschluss festgehalten, dass als Zugangsvoraussetzungen für Masterstudiengänge regelhaft ein berufsqualifizierender Hochschulabschluss vorliegen muss und darüber hinaus weitere Zugangsvoraussetzungen formuliert und akkreditiert werden sollen (Beschluss der Kultusministerkonferenz vom 10.10.2003 i.d.F. vom 18.09.2008, S. 5). Allerdings können die Ländergesetze „für weiterbildende und künstlerische Masterstudiengänge an die Stelle des berufsqualifizierenden Hochschulabschlusses eine Eignungsprüfung" stellen (Beschluss der Kultusministerkonferenz vom 10.10.2003 i.d.F. vom 04.02.2010, S. 4). Darüber hinaus ist in den *Ländergemeinsamen Strukturvorgaben* die „wechselseitige Anerkennung von Modulen bei Hochschul- und Studiengangswechsel" möglich, sofern „keine wesentlichen Unterschiede hinsichtlich der erworbenen Kompetenzen bestehen" (Beschluss der Kultusministerkonferenz vom 10.10.2003 i.d.F. vom 04.02.2010, Anhang S. 2).

Im Beschluss *Bachelor- und Masterabschlüsse in der beruflichen Bildung* wird festgehalten, dass sich die WMK und die KMK „für weitreichende Anrechnungsmöglichkeiten für die außerhalb von Hochschulen erworbenen Kenntnisse und Fähigkeiten" einsetzen, um „den Übergang beruflich qualifizierter Bewerber in den Hochschulbereich zu erleichtern und die Schwelle zur Aufnahme eines Studiums für diesen Personenkreis abzusenken" (Beschluss der Wirtschaftsministerkonferenz vom 15./16.12.2008 und der Kultusministerkonferenz vom 05.02.2009, S. 1). Dafür werden die Hochschulen aufgefordert, von der Anerkennung „verantwortungsvoll und stärker Gebrauch zu machen und in Kooperationsvereinbarungen mit Trägern der beruflichen Bildung Regelungen für die pauschale Anerkennung von beruflich erworbenen Kompetenzen zu treffen" (Beschluss der Wirtschaftsministerkonferenz vom 15./16.12.2008 und der Kultusministerkonferenz vom 05.02.2009, S. 1).

Darüber hinaus ist der KMK-Beschluss „Hochschulzugang für beruflich Qualifizierte" (2009) zu nennen, der die Voraussetzungen und Rahmenbedingungen für beruflich qualifizierte Bewerber_innen ohne schulische Hochschulzugangsberechtigung festlegt und den Ländern innerhalb deren Gesetze die Möglichkeit zur Erweiterung dieser Bestimmungen gibt (Beschluss der Kultusministerkonferenz vom 06.03.2009). Die jeweiligen Beschlüsse finden Eingang in die Landeshochschulgesetze, in denen die Länder ihre Bildungshoheit im Hochschulbereich ausüben (vgl. Freitag 2011, S. 193).

In Hessen werden Möglichkeiten der Anerkennung und Anrechnung sowohl im *Hessischen Hochschulgesetz (HHG)* als auch in der „Verordnung über den Zugang beruflich Qualifizierter zu den Hochschulen im Lande Hessen" verankert. Innerhalb des *Hessischen Hochschulgesetzes* (14. Dezember 2009) sind § 16 Weiterbildung, § 18 Prüfungen, § 23 Einstufungsprüfung und § 54 Hochschulzugang relevant. Der § 54 regelt dabei die Bedingungen des Hochschulzugangs im Allgemeinen und § 16 speziell den Zugang zu weiterbildenden Masterstudiengängen. Das heißt, dass in § 54 die Zugangsmöglichkeiten zu einem ersten berufsqualifizierenden Studiengang festgelegt werden (vgl. hierzu § 54 HHG). Neben der nachgewiesenen allgemeinen Hochschulzugangsberechtigung werden in diesem weitere Zugangsmöglichkeiten ausgeführt. So kann „bei nachgewiesener hervorragender wissenschaftlicher oder künstlerischer Begabung [...] auf eine Hochschulzugangsberechtigung für den betreffenden Studiengang verzichtet werden, sofern er mit einer Hochschulprüfung abschließt" (§ 54 Abs. 4 HHG). Ebenfalls berechtigt der Nachweis der Meisterprüfung sowie eines vergleichbaren Abschlusses der beruflichen Aufstiegsfortbildung zum Studium aller Fachrichtungen (§ 54 Abs. 2 HHG). Mit Blick auf den Hochschulzugang für ausschließlich beruflich qualifizierte Bewerber_innen wird auf die „Verordnung über den Zugang beruflich Qualifizierter zu den Hochschulen im Lande Hessen" verwiesen (vgl. hierzu § 54 Abs. 6 HHG). In § 16 Abs. 2 heißt es:

> „Zu weiterbildenden Masterstudiengängen können auch Bewerberinnen und Bewerber zugelassen werden, die eine Berufsausbildung abgeschlossen haben und über eine mehrjährige Berufserfahrung verfügen; Berufsausbildung und -erfahrung müssen einen fachlichen Bezug zum angestrebten Studium aufweisen. Die Bewerberinnen und Bewerber müssen im Rahmen einer Eignungsprüfung einen Kenntnisstand nachweisen, der dem eines für den angestrebten Studiengang einschlägigen ersten Hochschulabschlusses entspricht. § 54 bleibt unberührt" (§ 16 Abs. 2 HHG).

In § 23 Einstufungsprüfung sowie in § 18 Prüfungen werden Anrechnungsmöglichkeiten geregelt. So besteht nach § 23 die Möglichkeit, dass Prüfungsordnungen vorsehen können,

> „dass Bewerberinnen und Bewerbern mit einer Hochschulzugangsberechtigung nach § 54, die auf andere Weise als durch ein Hochschulstudium besondere Fähigkeiten und Kenntnisse erworben haben, die für die erfolgreiche Beendigung des Studiums erforderlich sind, Studien- und Prüfungsleistungen nach dem Ergebnis einer Einstufungsprüfung erlassen werden können. Sie sind in einem dem Prüfungsergebnis entsprechenden Abschnitt des gewählten Studiengangs zuzulassen" (§ 23 HHG).

Der § 18 regelt sowohl die Anerkennung hochschulisch erbrachter Leistungen (Absatz 5) als auch die von außerhalb der Hochschule erworbenen Kenntnisse und Fähigkeiten. Hochschulisch erbrachte Leistungen werden bei Gleichwertigkeit (sofern in der Prüfungsordnung verankert) anerkannt (§ 18 Abs. 5). Außerhochschulisch erworbene Kenntnisse und Fähigkeiten können ebenfalls bei Feststellung der Gleichwertigkeit angerechnet werden, sofern

> „die Kriterien für die Anrechnung im Rahmen der Akkreditierung nach § 12 Abs. 2 überprüft worden sind [und] [...] nicht mehr als 50 von Hundert in dem Studiengang erforderlichen Prüfungsleistungen durch die Anrechnung ersetzt werden" (§ 18 Abs. 6).

In der synoptischen „Darstellung der in den Ländern bestehenden Möglichkeiten des Hochschulzugangs für beruflich qualifizierte Bewerber_innen ohne schulische Hochschulzugangsberechtigung auf der Grundlage hochschulrechtlicher Regelungen" des Sekretariats der ständigen Konferenz der Kultusminister der Länder in der Bundesrepublik Deutschland wurden für die Bundesländer die rechtlichen Grundlagen zusammengefasst, die den Zugang für beruflich qualifizierte Bewerber_innen ohne Hochschulzugangsberechtigung regeln. Tabelle 4 enthält einen Auszug der rechtlichen Regelungen für Hessen sowie die Regelungen in der „Verordnung über den Zugang beruflich Qualifizierter zu den Hochschulen im Lande Hessen".

Zusammenfassend kann festgehalten werden, dass die vorgestellten KMK-Beschlüsse Eingang in das Hessische Hochschulgesetz gefunden haben. Somit können außerhalb des Hochschulwesens erworbene Kenntnisse und Fähigkeiten höchstens 50 Prozent eines Hochschulstudiums ersetzen, wenn sie nach Inhalt und Niveau dem Teil des Studiums gleichwertig sind. Allerdings werden die Verfahren zur Anerkennung und Anrechnung innerhalb des HHG nicht präzisiert. Vielmehr wird die Entscheidung und Ausgestaltung der jeweiligen Hochschule beziehungsweise durchführenden Stelle auferlegt. Ob und in welchem Umfang (unter Berücksichtigung der Obergrenze) außerhochschulisch erworbene Kompetenzen anerkannt beziehungsweise angerechnet werden, liegt demnach in der Zuständigkeit der jeweiligen Hochschule. Dennoch werden die Hochschulen dazu angehalten, von „den bestehenden Möglichkeiten der Anrechnung Gebrauch zu machen und Verfahren und Kriterien für die Anrechnung außerhalb des Hochschulwesens erworbener Kenntnisse und Fähigkeiten in den jeweiligen Prüfungsordnungen zu entwickeln" (Beschluss der Kultusministerkonferenz vom 18.09.2008, S. 3). Es ist in der Folge davon auszugehen, dass die Hochschulen Möglichkeiten und Verfahren der Anerkennung und Anrechnung innerhalb ihrer Allgemeinen Bestimmungen und Studien- und Prüfungsordnungen festhalten.

Bestehen Möglichkeiten für beruflich qualifizierte Bewerber_innen, die keine schulische Hochschulzugangsberechtigung besitzen, ein Hochschulstudium aufzunehmen, das zum berufsqualifizierenden Abschluss führt? Welche Möglichkeiten bestehen für die Studiengänge - Medizin, Zahnmedizin, Tiermedizin- Pharmazie?	Welche Voraussetzungen müssen die Bewerber_innen jeweils erfüllen?
1.1 Ja; nach § 54 Abs. 2 und 6 HHG vom 14. Dezember 2009 (GVBl. I S. 666) in Verbindung mit der Verordnung über den Zugang beruflich Qualifizierter zu den Hochschulen im Lande Hessen vom 7. Juli 2010 (GVBl. I S. 238) ist diesem Personenkreis die Möglichkeit, ein berufsqualifizierendes Hochschulstudium zu absolvieren, eröffnet. Bei festgestellter hervorragender wissenschaftlicher oder künstlerischer Begabung kann auf eine Hochschulzugangsberechtigung für den betreffenden Studiengang verzichtet werden, sofern er mit einer Hochschulprüfung abschließt (§ 54 Abs. 4 Satz 3 Hessisches Hochschulgesetz).	Der Nachweis der Meisterprüfung sowie eines vergleichbaren Abschlusses der beruflichen Aufstiegsfortbildung berechtigt in Hessen zum Studium aller Fachrichtungen an allen Hochschulen (§ 54 Abs. 2 Hessisches Hochschulgesetz). Folgende Personen haben nach § 1 Abs. 1 Satz 1 der Verordnung über den Zugang beruflich Qualifizierter zu den Hochschulen im Lande Hessen einen mit der Meisterprüfung vergleichbaren Abschluss der beruflichen Aufstiegsfortbildung: Personen mit Fortbildungsabschlüssen, für die Prüfungsregelungen nach den §§ 53 und 54 des Berufsbildungsgesetzes vom 23. März 2005 (BGBl. I S. 931), zuletzt geändert durch Gesetz vom 5. Februar 2009 (BGBl. I S. 160, 462), oder nach den §§ 42 und 42a der Handwerksordnung in der Fassung vom 24. September 1998 (BGBl. I S. 3075, 2006 I S. 2095), zuletzt geändert durch Gesetz vom 17. Juli 2009 (BGBl. I S. 2091), bestehen, sofern die Lehrgänge mindestens 400 Stunden umfassen; Personen mit staatlichen Befähigungszeugnissen für den nautischen oder technischen Schiffsdienst nach § 4 Nr. 1 des Seemannsgesetzes vom 26. Juli 1957 in der im Bundesgesetzblatt Teil III, Gliederungsnummer 9513-1, veröffentlichten bereinigten Fassung, zuletzt geändert durch Verordnung vom 31. Oktober 2006 (BGBl. I S. 2407); Personen mit Abschlüssen an Fachschulen entsprechend der Rahmenvereinbarung über Fachschulen (Beschluss der Kultusministerkonferenz vom 7. November 2002 in der Fassung vom 9. Oktober 2009) in der jeweils geltenden Fassung; Personen mit Abschlüssen vergleichbarer landesrechtlicher Fort- und Weiterbildungsregelungen für Berufe im Gesundheitswesen und im Bereich sozialpflegerischer oder sozialpädagogischer Berufe; Personen mit Abschlüssen weiterbildungsrechtlicher Fort- und Weiterbildungsregelungen wie beispielsweise Steuerberaterinnen und Steuerberater, Wirtschaftsprüferinnen und Wirtschaftsprüfer. Auch dieser Personenkreis besitzt somit eine allgemeine Hochschulzugangsberechtigung und kann alle Fächer an allen Hochschulen in Hessen studieren. Absolvierende von Verwaltungs- und Wirtschaftsakademien, die eine abgeschlossene Berufsausbildung nachweisen, sowie Absolvierende eines einjährigen Lehrgangs an der Europäischen Akademie der Arbeit in der Universität Frankfurt hingegen besitzen in Hessen eine fachgebundene Hochschulreife. Darüber hinaus können beruflich Qualifizierte, die keine Hochschulzugangsberechtigung für den angestrebten Studienbereich besitzen, eine Hochschulzugangsprüfung ablegen, durch die Vorbildung und Eignung für ein Hochschulstudium in dem Studienbereich festgestellt werden. Voraussetzung für die Zulassung zur Prüfung ist eine nach dem Berufsbildungsgesetz, der Handwerksordnung, durch Bundes- oder Landesrecht geregelte mindestens zweijährige abgeschlossene Berufsausbildung in einem zum angestrebten Studium fachlich verwandten Bereich und eine anschließende mindestens dreijährige hauptberufliche Tätigkeit in einem zum angestrebten Studium fachlich verwandten Bereich. Wird ein zu Berufsausbildung oder Berufstätigkeit fachfremdes Studium angestrebt, muss zusätzlich das durch Ausbildung und Berufstätigkeit erworbene Wissen nachweislich durch qualifizierte Weiterbildung (mind. 400 Stunden) in einem zum angestrebten Studium fachlich verwandten Bereich erweitert oder vertieft worden sein.
1.2 Der Hochschulzugang nach § 54 Abs. 2 und 6 HHG und der Verordnung über den Zugang beruflich Qualifizierter zu den Hochschulen im Lande Hessen ist auch für die Studiengänge Medizin, Zahnmedizin, Tiermedizin und Pharmazie möglich. Der Verzicht auf eine Hochschulzugangsberechtigung bei festgestellter hervorragender wissenschaftlicher Begabung (§ 54 Abs. 4 Satz 3 Hessisches Hochschulgesetz) gilt nicht für medizinische und pharmazeutische Studiengänge, die mit einer staatlichen Prüfung abschließen.	

Tabelle 4:   Darstellung der rechtlichen Rahmenbedingungen in Hessen (eigene Darstellung)

4 Sekundäranalyse der ANKOM-Literatur sowie weiterer einschlägiger Literatur zum Thema Anerkennungs- und Anrechnungsmodelle

Die Thematisierung der Anrechnung von Kompetenzen zeigt, „dass im Rahmen des Lissabon- und Kopenhagen-Prozesses von Beginn an die Anrechnung non-formal und informell erworbener Kompetenzen im Vordergrund stand" (Freitag 2010, S. 16). Während Anrechnung im Zuge des Bologna-Prozesses „unspezifisch als ‚Anrechnung von Credits' thematisiert" (ebd.) wird, zeigt sich die „Fokussierung auf die Anrechnung von non-formal und informell erworbenen Kompetenzen" (ebd.) erstmals in der NUFFIC-Studie[8]. Bei der Umsetzung der Anrechnungsziele, welche im Zuge des Bologna-Prozesses und in der Lissabon-Konvention festgelegt wurden, ist europaweit in unterschiedlicher Geschwindigkeit agiert worden.

4.1 Definitionen

In Deutschland wurde in dem KMK-Beschluss vom 28.06.2002 die dritte Bologna-Aktionslinie in veränderter Form aufgenommen, um eine Regelung für die Anrechnung von außerhochschulisch erworbenen Kenntnissen und Fähigkeiten auf ein Hochschulstudium zu schaffen. Damit ist nun auch geregelt, in welchem Umfang eine Anrechnung stattfinden kann. Im KMK-Beschluss heißt es dazu: „Die außerhalb des Hochschulwesens erworbenen Kenntnisse und Fähigkeiten können [...] höchstens 50 % eines Hochschulstudiums ersetzen" (Freitag 2010, S. 18). Neben der Regelung zum Umfang von Anrechnung wird der Aspekt der Hochschulzugangsberechtigung von der Thematik der Anrechnung losgelöst betrachtet:

> „Anrechnung wird von dem Erfordernis des Hochschulzugangs getrennt, bzw. wird letzter vorausgesetzt. Das heißt, auf der Grundlage des KMK-Beschlusses werden Kenntnisse und Fähigkeiten angerechnet, sofern Studierende bereits über eine schu-

---

8 NUFFIC ist die Niederländische Nationale Organisation für internationale Kooperation im tertiären Bildungsbereich. In der von ihnen koordinierten Studie „Competences in Education and Cross-Border Recognition" erfolgte die beschriebene Fokussierung auf die Anrechnung von non-formal und informell erworbenen Kompetenzen (vgl. Freitag 2010, S. 14).

lische Hochschulzugangsberechtigung verfügen oder eine hochschulische Zugangs-
berechtigung in Form einer Eignungsfeststellung, Zugangsprüfung oder vergleich-
barem Prozedere erwerben. [...] Die Anrechnung im Sinne des KMK-Beschlusses
ist somit nicht für den Zugang zur Hochschule nutzbar" (ebd.).

Diese Regelung ist mittlerweile ergänzt worden, sodass sich die Anrechnung
von außerhochschulisch erworbenen Kompetenzen in drei Dimensionen auffä-
chert[9]:

- „Anrechnung als Instrument zur Zulassung zum Studium
- Anrechnung als Instrument zur Verkürzung des Studiums
- Anrechnung als Instrument zur Kostenreduzierung"
- (Hanak/Sturm 2015, S. 23ff).

Darüber hinaus wurde beschlossen, „dass die Qualität der Kriterien der Lerner-
gebnis-Äquivalenzbestimmung im Rahmen der Studiengangakkreditierung
überprüft wird" (ebd.) und dass unter außerhochschulisch erworbenen Kompetenzen „formal, non-formal und informell erworbene Kompetenzen" (Freitag
2010, S. 18) zu verstehen sind.
  Ergänzt wird dieses Reglement durch einen weiteren KMK-Beschluss aus
dem Jahr 2008:

> „In diesem bleiben die im Beschluss von 2002 vereinbarten Regelungen im Grund-
> satz bestehen. Stark erweitert wurde der Beschluss durch Regelungen, die inner-
> staatliche und grenzüberschreitende Franchisemodelle betreffen. Neu ist darüber
> hinaus die Einordnung von Einstufungsprüfungen als Anrechnung" (ebd., S. 19).

4.2 Äquivalenzbeurteilungen und Anrechnungsarten

Innerhalb der ANKOM-Initiative und weiterer einschlägiger Bestrebungen wurden von den beteiligten Akteur_innen verschiedene Anrechnungsverfahren
entwickelt, die auf der Grundlage verschiedener Äquivalenzbeurteilungen beziehungsweise Anrechnungsarten vollzogen wurden: Zu unterscheiden sind
pauschale, individuelle und kombinierte Äquivalenzbeurteilungen beziehungsweise Anrechnungsarten. In den folgenden Ausführungen werden die drei Varianten dargestellt und ihre Vor- und Nachteile beziehungsweise optimalen Ein-
satzgebiete aufgezeigt und bewertet.

---

9   Eine ausführliche Darstellung der drei Dimensionen zur Anrechnung von außerhochschulisch
    erworbener Kompetenzen ist nachzulesen in: Hanak H./Sturm N. 2015: „Anerkennung und An-
    rechnung außerhochschulisch erworbener Kompetenzen – Eine Handreichung für die wissen-
    schaftliche Weiterbildung".

4.2.1 Pauschale Äquivalenzbeurteilung und Anrechnung

Zur pauschalen Anrechnung außerhochschulisch erworbener Kompetenzen schreibt Müskens:

> „Bei dieser Form der Anrechnung wird einmalig im Rahmen eines systematischen Äquivalenzvergleichs festgestellt, welche Studienabschnitte (i. d. R. Module) auf der Grundlage bereits vorliegender gleichwertiger Lernergebnisse den Absolventinnen bzw. Absolventen einer bestimmten beruflichen Qualifikation angerechnet werden können" (Müskens 2012, S. 50).

Das heißt, dass die Äquivalenzprüfung vor der Etablierung des Anrechnungsverfahrens einmalig erfolgt und „jede Person bekommt, sofern sie die entsprechenden vorgängigen Lernergebnisse nachweisen kann (zum Beispiel durch ein Zertifikat), ohne individuelle Prüfung die entsprechenden Zielmodule angerechnet" (Loroff/Stamm-Riemer/Hartmann 2011, S. 93). Das pauschale Anrechnungsverfahren ist demnach an eine Äquivalenzprüfung geknüpft. In der Folge können Lernergebnisse, also Qualifikationen, die formal anhand von Aus- und Weiterbildung erworben wurden, pauschal angerechnet werden. Grundsätzlich ist die pauschale Anrechnung auch bei nicht-formal erworbenen Kompetenzen denkbar, wenn diese durch Lernprogramme mit Zertifikaten bestätigt werden. Die Äquivalenzbeurteilung und das Anrechnungsverfahren stellen bei dieser Variante zwei zeitlich aufeinander folgende Schritte dar (vgl. ebd., S. 78f).

Ein pauschales Anrechnungsmodell ist dann sinnvoll, „wenn eine hohe inhaltliche Affinität zwischen dem darauf anzurechnenden Zielstudiengang einerseits und den geregelten beruflichen Fortbildungsabschlüssen andererseits besteht" (Präßler/Sturm 2012, S. 3) und homogene Bewerber_innengruppen adressiert werden. Pauschale Anrechnung „bezieht sich [in der Folge] auf formal, im System der beruflichen Aus- und Weiterbildung durch einen bundes- oder landesweit anerkannten beruflichen Abschluss erworbene Kenntnisse, Fähigkeiten und Kompetenzen" (Stamm-Riemer/Loroff/Hartmann 2011, S. 58).

Ob es empfehlenswert ist, ein pauschales Anrechnungsmodell zu entwerfen, sollte vor dem Hintergrund erwartbarer Anrechnungsfälle betrachtet werden, da die Entwicklung eines solchen Systems einen hohen personellen und finanziellen Aufwand bedeutet. Es ist daher empfehlenswert, dass sich im Vorfeld ein Überblick über die zu erwartende Anzahl von möglichen Anrechnungsfällen verschafft wird, um den entstehenden Entwicklungsaufwand eines pauschalen Anrechnungsmodells in das Verhältnis zu dessen späteren Nutzen zu setzen. Je höher die Anzahl derjenigen Kandidat_innen, die formal nachgewiesene Kompetenzen mit inhaltlich hoher Äquivalenz zum angestrebten Studiengang vorweisen, und zugleich eine individuelle Anrechnung eine sekundäre Bedeutung einnimmt, desto eher bietet sich ein pauschales Verfahren an.

„Die Ressourceneinsparungen durch pauschalisierte Anrechnungsverfahren stellen sich primär mittel- bis langfristig ein, da die Lehrenden die Bewerber nicht mehr individuell bewerten müssen, sondern geschulte Mitarbeiter anhand eines Leitfadens mit klar definierten Kriterien eine Anerkennung bereits erworbener (formaler) Kompetenzen selbstständig durchführen können" (Präßler/Sturm 2012, S. 3f).

4.2.2 Individuelle Äquivalenzbeurteilung und Anrechnung

Im Fall der individuellen Anrechnung kann sich auf Loroff, Stamm-Riemer und Hartmann bezogen werden:

„Bei einer individuellen Äquivalenzbeurteilung werden die vorgängigen Lernergebnisse personenbezogen verglichen mit den Lernergebnissen des Zielbildungsgangs" (Loroff/Stamm-Riemer/Hartmann 2011, S. 93).

Das heißt, dass für jede Person individuell in Form einer Einzelfallprüfung ermittelt wird, ob oder inwieweit eine Anrechnung von bereits erworbenen Kompetenzen erfolgen kann. Im Fokus steht demnach die individuelle Person mit ihren spezifischen Lernleistungen. Individuelle Anrechnungsverfahren können sowohl formale als auch non-formale und informelle Kompetenzen berücksichtigen, die in der beruflichen Praxis oder im Privatleben erworben wurden. Im Falle der individuellen Anrechnung ist die Äquivalenzbeurteilung ein Bestandteil des Anrechnungsverfahrens (vgl. Loroff/Stamm-Riemer/Hartmann 2011, S. 79). Dies unterscheidet die individuelle Anrechnung von der pauschalen Anrechnung, in der die Äquivalenzbeurteilung und das Anrechnungsverfahren zwei getrennte Verfahrensschritte darstellen.

Individuelle Äquivalenzbeurteilungen beziehungsweise Anrechnung sind aufgrund des relativ hohen Durchführungsaufwands (intensive Beratung, Betreuung und Begutachtung) besonders geeignet in Studiengängen, in denen wenige Anrechnungskandidat_innen zu erwarten sind, für die es keine verbreiteten und geordneten beruflichen Fort- und Weiterbildungswege gibt und in denen sowohl non-formal als auch informell erworbene Kompetenzen angerechnet werden sollen. Denn anders als bei einem pauschalen Anrechnungsmodell werden bei den individuellen Varianten hauptsächlich nicht-formale und/oder informelle Kompetenzen zwecks möglicher Anrechnung überprüft (vgl. Präßler/Sturm 2012, S. 7).

„Während der Entwicklungs- und Set-up-Aufwand eines individuellen Verfahrens geringer einzuschätzen ist, entstehen dafür auch aufgrund erhöhter Informations- und Beratungsleistungen immer wieder hohe Durchführungskosten für die verschiedenen beteiligten Hochschulgruppen und für die Antragstellerin/den Antragsteller. Die pauschale Anrechnung erfordert einmalig einen hohen Aufwand zur

Ermittlung der Äquivalenzanteile eines Fortbildungsabschlusses zu einem Studiengangprofil, jedoch danach einen sehr geringen Einführungs- und Durchführungsaufwand, da keine Hochschullehrenden mehr beteiligt sind und die Anrechnung von der zuständigen Hochschulverwaltung (zum Beispiel Prüfungsamt) abgewickelt wird" (Loroff/Stamm-Riemer/Hartmann 2011, S. 105).

Der Kosten-Nutzen-Faktor sollte aber nicht alleiniges Argument für die Entscheidung sein, ein individuelles Anrechnungsverfahren zu entwickeln. Bei der Berücksichtigung von persönlichen und individuellen Kompetenzen in Bezug auf Anrechnung wird ein deutlich breiteres Spektrum an Fähigkeiten abgedeckt. Ein pauschales Verfahren zielt hingegen allein auf formale Abschlüsse ab, sodass sich die Möglichkeit für Interessierte, Kompetenzen einzubringen, deutlich reduziert. Vor allem im Bereich der außerberuflichen Lebenswelt erlernen Menschen Fähigkeiten und Kompetenzen, deren Potential nur mit einer individuellen Prüfung ausgeschöpft werden kann. Eine Vernachlässigung dieses Kompetenzpools ist letztendlich nicht nur unwirtschaftlich, sondern würdigt ebenso wenig die individuellen Kompetenzen der Kandidat_innen. Mit einem Modell zur individuellen Anrechnung kann dies vermieden werden. In ihrer Durchführung bedeutet dies aber einen deutlich höheren Arbeitsaufwand, als es bei einem pauschalen Anrechnungsmodell der Fall ist, da für die jeweiligen Kandidat_innen eine persönliche Überprüfung erfolgen muss (vgl. Präßler/Sturm 2012, S. 8).

„Ein bewährtes Instrumentarium der individuellen Anrechnung ist das Portfolio. Hier können die BewerberInnen ihre individuell anzurechnenden Kompetenzen darstellen und nachweisen. Gegebenenfalls können auch Eignungsnachweise in Form von Prüfungen (entweder Präsenzprüfungen oder Kompetenznachweise in Form bspw. einer Hausarbeit) erbracht werden. Durch das Portfolio werden vorhandene Lernergebnisse dokumentiert und aufbereitet sowie den Lernergebnissen des Zielstudiengangs inhaltlich zugeordnet" (ebd.).

Ein ebenfalls wichtiger Aspekt bei der Entscheidung, welches Anrechnungsmodell sich für die betreffende Hochschule als in ihrem Fall beste Lösung erweist, ist die strategische Ausrichtung der Hochschule. Ist die Entwicklung eines fachlich speziellen Masterstudiengangs angedacht, welcher für nicht-traditionell Studierende geöffnet und das Profil der Hochschule schärfen soll, ist ein individuelles Anrechnungsmodell sinnvoll. Vor allem bei hochspezialisierten Angeboten ist die Berücksichtigung der individuellen Kompetenzen der Bewerber_innen sinnvoll, da ein pauschales System einem fachlich speziellen Masterstudiengang schlechter gerecht werden könnte (vgl. ebd.).

Aus einem System zur individuellen Anrechnung von außerhochschulisch erworbenen Kompetenzen ist es möglich, ein Verfahren zur pauschalen Anrechnung ‚auszugliedern'. Wenn bei einer bestimmten Zahl von Anrechnungsfällen beispielsweise immer wieder die gleichen Zertifikate oder Ausbildungen auf ein bestimmtes Modul angerechnet werden, so kann es sinnvoll sein, diese Anrechnung zu pauschalisieren. Daraus kann der Vorteil resultieren, dass bei zukünftigen Fällen zur Anrechnung die zeitaufwendigen und somit ressourcenbindenden Einzelfallprüfungen nicht mehr notwendig sind. Eine solche Entwicklung stößt in der Regel bei allen Beteiligten auf große Akzeptanz, da es Transparenz mit sich bringt (vgl. ebd.).

4.2.3 Kombinierte Äquivalenzbeurteilung und Anrechnung

Mit einer Kombination aus dem bereits dargestellten individuellen und pauschalen Verfahren zur Anrechnung lässt sich das kombinierte Verfahren beschreiben. Bei der Verknüpfung dieser Elemente stellt sich die Frage, ob dadurch bestimmte Schritte bei der Prüfung von Anrechnungsfällen entfallen.

> „Dies bedarf jedoch der Erfahrung einer hinreichenden Praxis von durchgeführten individuellen und pauschalen Abrechnungsverfahren, wie sie zurzeit noch nicht in erforderlichem Umfang vorliegt, und einer entsprechender Auseinandersetzung und Entwicklung eines hybriden Verfahrens" (Loroff/Stamm-Riemer/Hartmann 2011, S. 106).

Ungeachtet eines möglichen Einsparpotentials stößt das kombinierte Verfahren auf großes Interesse in der Praxis. Mit dieser Kombination ist es möglich, eine besonders große Zielgruppe anzusprechen, sowohl diejenigen, die über eine formale Ausbildung oder ein Zertifikat in diesem speziellen Bereich verfügen, als auch diejenigen, die beispielsweise über Berufserfahrung besondere Kompetenzen vorweisen.

> „Ein solches ‚hybrides' Verfahren kann zum einen die Attraktivität der Weiterbildung bei den Nachfragenden steigern und zum anderen – durch die sich daraus ergebende Heterogenität der Gruppe – für einen Mehrwert und eine Aufwertung der Fortbildung an sich sorgen. Durch die verschiedenen Perspektiven aus denen Studierende aus verschiedenen professionellen Kontexten auf eine Problemstellung blicken, kann sich ein multiprofessionelles Verständnis für Problemlagen entwickeln. Damit könnten neue Strategien der Problemlösung entwickelt werden" (Präßler/Sturm 2012, S. 11).

So kann eine Aufwertung der Studienprogramme erreicht und die Attraktivität für potentielle Interessierte gesteigert werden. Allerdings bliebt abzuwarten, inwiefern das kombinierte Verfahren der Anrechnung individueller Kompetenzen gerecht werden kann. Ebenso wird die Erfahrung aus der Praxis erst noch zeigen, wie hoch eine Nachfrage tatsächlich ist.

4.2.4 Internationale Anrechnungsverfahren

Die europapolitischen Ziele formale, non-formale und informelle Kompetenzen anzurechnen, wurden in den verschiedenen Mitgliedsstaaten „mit unterschiedlicher Geschwindigkeit und mit unterschiedlicher Intention umgesetzt" (Freitag 2010, S. 16). Während in vielen europäischen Ländern das Thema Anrechnung erst im Zuge des Bologna-Prozesses als relevant eingestuft wurde, hatten Großbritannien und Frankreich bereits vor Einsetzen des Prozesses „eine nennenswerte Anrechnungspraxis entwickelt" (ebd.) und stellen somit Good-Practice-Beispiele dar.

Im Folgenden wird das französische System der Anerkennung und Anrechnung außerhochschulisch erworbener Kompetenzen betrachtet, da es einen großen Kontrast zu den deutschen Verfahrensweisen bildet und so eine weite Klammer um das Feld der Anrechnung spannt.

Mit dem Jahr 1985 hat sich im französischen Hochschulwesen die ‚Validation des Acquis' (Validierung von Kompetenzen) etabliert, sodass es Menschen mit Berufserfahrung möglich ist, ohne formale Qualifizierung einen entsprechenden Studienabschluss über die Anerkennung ihrer Kompetenzen zu erhalten. Interessierte müssen sich für ein solches Anerkennungsverfahren bewerben. Dabei sind zwei unterschiedliche Modelle zur Anrechnung zu differenzieren: die *Validation des Acquis Professionnels (VAP)* und die *Validation des Acquis del´Expérience (VAE)*. Die gesetzliche Basis dafür wurde bereits 1984 im französischen Hochschulgesetz geschaffen (vgl. Französisches Hochschulgesetz 1984, Artikel 17).

In dem Anrechnungsmodell VAP finden die beruflichen Kompetenzen der Bewerber_innen Berücksichtigung. Dabei stehen Personen im Vordergrund, die die formalen Voraussetzungen nicht erfüllen, um ein Studium aufnehmen zu können, aber auch Studienabbrecher_innen. Die vorhandene Berufserfahrung muss hierbei eine hohe inhaltliche Affinität zum angestrebten Studium aufweisen können und bildet so die Ausgangsposition für das Anrechnungsverfahren (vgl. ebd.).

Durch das Anrechnungsmodell VAE ist es seit 2002 möglich, auch informelle Kompetenzen anzurechnen. Es besteht nicht nur die Möglichkeit, solche außerhochschulisch erworbenen Kompetenzen auf ein Studium oder ein Zertifikat anzurechnen, sondern vollständige Studien- oder Zertifikatsabschlüsse auf Grundlage der Anerkennung von außerhochschulisch erworbenen Kompetenzen zu vergeben. Hierbei besteht allerdings die Schwierigkeit, informelle Kompetenzen eindeutig den in einem bestimmten Studiengang geforderten Kompetenzen als Äquivalent zuzuordnen. Dieses System setzt die Aufnahme eines Studiums oder Zertifikats nicht voraus, sondern es erfolgt eine vollständige Anerkennung (vgl. Französische Nationalversammlung 2002, Artikel 133).

In Frankreich gilt die Anerkennung und Anrechnung außerhochschulisch erworbener Kompetenzen als individuelles Recht, dass für jeden möglich sein sollte. Eine genaue Regelung zu den beiden Verfahren sind im *Répertoire national des certifications professionnelles (RNCP)* zu finden. Darüber hinaus ist dort geregelt, welche Abschlüsse über ein Anerkennungs- beziehungsweise Anrechnungsverfahren erlangt werden können. Als rechtliche Grundlage hierfür dient der Grundsatz zur sozialen Modernisierung (Modernisation sociale) (vgl. ebd.).

Um eine größtmögliche Zielgruppe erreichen zu können, bietet sich eine Kombination der beiden Verfahren an. Ähnlich wie in Deutschland wird eine Kombination des pauschalen und individuellen Anrechnungsverfahrens angewandt, um das mögliche Potential von Bewerber_innen zu nutzen.

5 Auswertung der Allgemeinen Bestimmungen und der Studien- und Prüfungsordnungen

Die im Rahmen der Sekundäranalyse konzipierte Erhebungsmatrix (Tabelle 1) zur deskriptiven, theoretisch fundierten und systematisierten Zusammenstellung vorhandener Erkenntnisse sowie zur Aufbereitung der Modelle stellt sich zur Visualisierung der Pluralität von Anerkennungs- und Anrechnungsmöglichkeiten als äußerst hilfreich dar. Sie erweist sich in der operativen Umsetzung aber als wenig tragfähig, da sich die aus den Studien- und Prüfungsordnungen herausgearbeiteten Vorgehensweisen auf wenige Dimensionen beschränken. Erschwerend bei der eindeutigen Zuordnung der Anrechnungsmodelle in die Erhebungsmatrix erweisen sich zudem die teils stark abweichenden Verständnisse der einzelnen Hochschulen zu den Begrifflichkeiten *Anerkennung und Anrechnung*. Die Erhebungsmatrix dient zum einen dazu, für die diversen Verständnisse der Begriffe zu sensibilisieren und zum anderen, klare Tendenzen im Umgang der Hochschulen mit Anrechnung außerhochschulisch erworbener Kompetenzen aufzuzeigen. Während die individuelle Anrechnung formal erworbener Kompetenzen eine starke Ausprägung aufweist, bleiben formale Verfahren wenig entwickelt. Zudem kann innerhalb der individuellen Verfahren zur Anerkennung und Anrechnung anhand des zugrundeliegenden Datenmaterials nicht herausgearbeitet werden, ob es sich um formale, non-formale oder informelle anrechenbare Kompetenzen handelt.

Damit lässt sich die eingangs formulierte Forschungsfrage „Lassen sich Modelle und Verfahren in den Allgemeinen Bestimmungen und auf der Ebene der Studiengänge in den Studien- und Prüfungsordnungen finden?" zunächst grundsätzlich bejahen. Diese ersten Erkenntnisse werden im Rahmen der inhaltsanalytischen Auswertung der Allgemeinen Bestimmungen sowie der Studien- und Prüfungsordnungen der Angebote wissenschaftlicher Weiterbildung an den hessischen Hochschulen, der Allgemeinen Bestimmungen sowie Studien- und Prüfungsordnungen aller Angebote der grundständigen Lehre an ausgewählten hessischen Hochschulen sowie der ANKOM geförderten Projekte unter Zuhilfenahme der vergleichenden Fallübersicht (Tabelle 3) konkretisiert. Nachfolgend wird anhand des analytischen Vorgehens und unter Zuhilfenahme der vergleichenden Fallübersicht (Tabelle 3) diese Frage erneut aufgegriffen und eine Annäherung an die zweite Forschungsfrage „Wenn ja, wie unterscheiden sich diese und können die Ergebnisse zu generalisierten Verfahren abstrahiert werden?" vorgenommen.

5.1 Auswertung der Allgemeinen Bestimmungen und der Studien- und Prüfungsordnungen der wissenschaftlichen Weiterbildung an hessischen Hochschulen

Ziel dieser Analyse ist es, wissenschaftliche Weiterbildungsangebote zu untersuchen und aufzuzeigen, welche Anerkennungs- und Anrechnungsmodelle bei den hessischen Hochschulen verankert sind.

Anhand der Internetseiten der hessischen Hochschulen werden insgesamt 248 Zertifikatskurse erhoben (107 an privaten Hochschulen, 76 an Universitäten und 65 an den Fachhochschulen). Darüber hinaus können 35 weiterbildende Masterstudiengänge ermittelt werden (vier an privaten Hochschulen, neun an Universitäten und 22 an Fachhochschulen) (vgl. Brömmel et al. 2013, S. 27).

Aus der Gesamtheit der ermittelten Angebote werden die herausgefiltert, welche nicht den zuvor definierten Kriterien entsprechen (vgl. Kapitel 2.4.2). Nach der Bereinigung durch diese Kriterien werden 29 weiterbildende Masterstudiengänge und 239 Zertifikatskurse an 15 Hochschulen auf ihre Regelungen zur Anerkennung und Anrechnung analysiert (vgl. ebd., S. 28).

Während bei den privaten Hochschulen keine Anrechnungs- und Anerkennungsverfahren recherchiert werden können, lässt sich sowohl bei den Universitäten als auch bei den staatlichen Fachhochschulen der Prüfungsausschuss als das Gremium identifizieren, welches dazu eingesetzt wird, über individuelle Anrechnungsanträge zu entscheiden (vgl. ebd., S. 39).

Deutlich geringer fallen die Möglichkeiten der Anerkennung und Anrechnung bei der Betrachtung der Zertifikatskurse aus. Nur bei einer kleinen Anzahl der Kurse wird die Thematik überhaupt aufgegriffen. So kann ermittelt werden, dass bei zwei Zertifikatskursen ein Beirat beziehungsweise der Prüfungsausschuss über Anrechnungsmöglichkeiten entscheidet. Bei den weiteren 237 Zertifikatskursen können keine Angaben oder Regelungen zur Anerkennung und Anrechnung außerhochschulisch erworbener Kompetenzen erhoben werden, da im analysierten Datenmaterial diesbezüglich keine Informationen vorhanden sind (vgl. ebd., S. 42).

Nachfolgend werden die Bereiche der Anerkennung von Kompetenzen mit dem Ziel der Zulassung zum Weiterbildungsangebot und die Anrechnung von Kompetenzen auf das Weiterbildungsangebot getrennt voneinander betrachtet.

Anerkennung mit dem Ziel der Zulassung spielt im Zusammenhang mit Zertifikatskursen eine untergeordnete Rolle. Hier gibt es verschiedenste Vorgaben, die für die Zulassung erfüllt sein müssen. So wird für 31 Prozent der Angebote eine berufsspezifische Ausbildung verlangt. Der Schulabschluss hingegen ist dabei von geringerer Bedeutung. Nur 13 Prozent legen eine allgemeine Hochschulreife als Zugangskriterium zugrunde (vgl. ebd., S. 47). Durch diese für Hochschulzertifikate niedrigschwelligeren Zugangsvoraussetzungen erscheinen Verfahren der Anerkennung außerhochschulisch erworbener Kompetenzen mit dem Ziel des Zugangs zu Zertifikatskursen weniger notwendig. Werden die Möglichkeiten der Anrechnung mit dem Ziel der Reduzierung des Workloads im Kontext der Weiterbildungsmaster betrachtet[10], fällt auf, dass die Anrechnung fast ausschließlich durch die Anwendung eines individuellen Verfahrens in Form der Prüfung des Antrags durch den Prüfungsausschuss statt-findet. Die Anrechnung außerhochschulisch erworbener Kompetenzen scheint demnach im Bereich der Weiterbildungsmaster eine größere Rolle zu spielen. Dafür spricht, dass die von diesen Angeboten adressierten nicht-traditionellen Studierenden in einem größeren Umfang anrechenbare Kompetenzen, die au-ßerhalb der Hochschule erworben wurden, einbringen können, als beispielswei-se grundständige Studierende. Auffällig ist zudem, dass es sich fast ausschließ-lich um individuelle Verfahren handelt, deren operative Umsetzung nicht weiter ausgeführt wird.

In der Betrachtung der Möglichkeiten der Anrechnung von Kompetenzen auf Hochschulzertifikate mit dem Ziel der Verringerung des zu studierenden Workloads zeigt sich ein ähnliches Bild, wie bereits bei der Anerkennung von Kompetenzen zur Zulassung. In lediglich sieben der 239 untersuchten Zertifi-katskursen besteht die Möglichkeit eines individuellen Verfahrens zur Anrech-nung. In den übrigen Fällen wird Anrechnung nicht explizit benannt. Inwiefern diese Option für Teilnehmende dennoch besteht, kann aus dem analysierten Datenmaterial nicht geschlussfolgert werden.

In einem abschließenden Vergleich der Anrechnungsmöglichkeiten außer-hochschulisch erworbener Kompetenzen bei Weiterbildungsmastern und Zerti-fikatskursen werden große Unterschiede deutlich. Während im Rahmen der Masterstudiengänge die individuelle Anrechnung durch den jeweiligen Prü-fungsausschuss das bedeutsamste Instrument zur Anrechnung ist, spielt dieses bei der Betrachtung der Zertifikate kaum eine Rolle.

Dieser Unterschied könnte sich darin begründen, dass der Master als aka-demischer Abschluss stärker reglementiert ist. Im Rahmen der Bologna-Reform und deren Einfluss auf die Hochschulgesetze der Länder wird die Anrechnung außerhochschulisch erworbener Kompetenzen bis zu maximal 50 Prozent des gesamten Workloads explizit thematisiert. Darüber hinaus ist der Gesamtwork-load von Zertifikatskursen deutlich geringer als der von Weiterbildungsmaster-studiengängen. Daher ist bei Zertifikatskursen individuell zu entscheiden, inwie-fern die Ausschöpfung bis zu 50 Prozent der zu erbringenden Leistungen den fachlichen Mehrwert für die Teilnehmenden noch garantieren kann. Da das Feld der wissenschaftlichen Weiterbildung ein noch junges Tätigkeitsfeld staatlicher

---

10 Da im hessischen Hochschulgesetz verankert ist, dass ein erster berufsqualifizierender Hoch-schulabschluss kostenfrei sein muss, waren Weiterbildungsbachelor zum Zeitpunkt der Erhe-bung nicht zulässig.

Hochschulen ist, soll im nächsten Schritt die grundständige Lehre als Kerngeschäft betrachtet werden. Ziel ist es hier, konkrete Verfahren zur Anrechnung außerhochschulisch erworbener Kompetenzen zu identifizieren und diese auf ihre Übertragbarkeit auf die wissenschaftliche Weiterbildung hin zu prüfen.

5.2 Auswertung der Allgemeinen Bestimmungen und der Studien- und Prüfungsordnungen der grundständigen Lehre an hessischen Hochschulen

Um die Verankerung von Anerkennungs- und Anrechnungsverfahren in Bezug auf den Bereich der außerhochschulisch erworbenen Kompetenzen zu ermitteln, werden zunächst die hochschulweiten *Allgemeinen Bestimmungen* sowie alle Studien- und Prüfungsordnungen[11] sowohl auf Fachbereichs- als auch auf Studiengangebene von zwei hessischen Universitäten, drei Fachhochschulen und einer staatlich anerkannten privaten Hochschule erhoben. Im Rahmen dieser Betrachtungen wird die Analyse zunächst nicht auf den Bereich der Anerkennung und Anrechnung außerhochschulisch erworbener Kompetenzen beschränkt, sondern das gesamte Themengebiet (inkl. hochschulisch erworbener Kompetenzen, im Ausland erworbener Kompetenzen etc.) in den Blick genommen, um gegebenenfalls Zusammenhänge oder Abhängigkeiten in der Gesamtheit des Themenkomplexes zu berücksichtigen.

Im Ergebnis kann festgestellt werden, dass die auf hochschulisch erworbene Kompetenzen abzielenden Regelungen (unabhängig ob an der jeweiligen Hochschule, einer anderen deutschen Hochschule oder einer Hochschule im Ausland) den weitaus größten Teil der Vorgaben in den Ordnungen einnehmen. Die explizite Verankerung der Anerkennung und Anrechnung außerhochschulisch erworbener Kompetenzen in den Studien- und Prüfungsordnungen findet sich deutlich seltener. Um dieser Gewichtung Rechnung zu tragen und die Vorgaben zu außerhochschulisch erworbenen Kompetenzen in ein Verhältnis zum Gesamtumfang des Themenfeldes Anerkennung und Anrechnung zu setzen, werden vor der detaillierten Betrachtung der Regelungen zu außerhochschulisch erworbenen Kompetenzen nach Hochschultyp zunächst die hochschultypübergreifend weitestgehend einheitlichen Vorgaben dargestellt.

Exemplarisch für die Verankerung der rechtlichen Vorgaben zur Anrechnung von (hochschulisch) erworbenen Kompetenzen in den Ordnungen aller untersuchten Hochschulen werden hier die zentralen und generalisierbaren Regelungen in aller Kürze dargestellt.

---

11 Als Grundlage der Analyse dienten die im Erhebungszeitraum gültigen Versionen der Allgemeinen und Fachspezifischen Bestimmungen der Hochschulen sowie der Studien- und Prüfungsordnungen der jeweiligen Studienangebote.

Die hessischen Hochschulen beziehen sich in ihren Ausführungen zur Anrechnung von Studienzeiten, Studienleistungen und Prüfungsleistungen auf den § 18 Abs. 5 HHG.

„(5) An einer anderen Hochschule erbrachte Studien- und Prüfungsleistungen werden anerkannt, wenn sie gleichwertig sind" (§ 18 Abs. 5 HHG).

Die Grundlage für dieses Gesetz bietet der Beschluss der KMK aus dem Jahr 2002, wonach erbrachte Studien- und Prüfungsleistungen angerechnet werden können, wenn

„sie [Kenntnisse] nach Inhalt und Niveau dem Teil des Studiums gleichwertig sind, der ersetzt werden soll" (Kultusministerkonferenz 2002).

Übertragen in die Studien- und Prüfungsordnungen der Hochschulen stellt es sich wie folgt dar.

„§ 19 Anrechnung von Studienzeiten, Studienleistungen und Prüfungsleistungen (1) Studienzeiten, Studienleistungen und Prüfungsleistungen an anderen Hochschulen oder in anderen Studiengängen der [Name der Hochschule] werden angerechnet, soweit die Gleichwertigkeit festgestellt ist. Gleichwertigkeit ist festzustellen, wenn Studienzeiten sowie Studien- und Prüfungsleistungen in Qualifikationsziel, Umfang und Anforderungen denjenigen des betreffenden Studiengangs an der [Name der Hochschule] im Wesentlichen entsprechen" (‚Universität 2', § 19 Abs. 1).
„(1) Bei einem Wechsel von einem modularisierten Studiengang an einer Hochschule in der Bundesrepublik Deutschland werden abgeschlossene Module angerechnet, soweit mindestens Gleichwertigkeit gegeben ist. Gleichwertigkeit von Modulen ist gegeben, wenn sie im Wesentlichen dieselben Lern- und Qualifikationsziele vermitteln. […] Studienleistungen und Prüfungsleistungen aus nicht modularisierten Studiengängen an deutschen Hochschulen werden als Module des Studiengangs an der [Name der Hochschule] angerechnet, wenn mindestens eine Gleichwertigkeit zu diesen gegeben ist" (‚Fachhochschule 1', § 19 Abs. 1).

Die Hochschulen definieren ihr Verständnis von Gleichwertigkeit in der Regel wie folgt.

„Dabei ist kein schematischer Vergleich, sondern eine Gesamtbetrachtung und Gesamtbewertung unter besonderer Berücksichtigung der erreichten Qualifikationsziele vorzunehmen" (ebd.).
„Gleichwertigkeit von Modulen ist gegeben, wenn sie im Wesentlichen dieselben Lern- und Qualifikationsziele vermitteln. Dabei ist kein schematischer Vergleich, sondern eine Gesamtbetrachtung und Gesamtbewertung von Inhalt, Umfang und Anforderungen vorzunehmen" (‚Universität 1', § 2, § 22 Abs. 1).

Kann die Gleichwertigkeit über einen entsprechenden Äquivalenzvergleich nicht sichergestellt werden, definieren die Hochschulen in der Regel den jeweiligen Prüfungsausschuss als hoheitliches Gremium zur Entscheidung über die Anrechnung. In Einzelfällen besteht die Möglichkeit, einen ‚Anrechnungsausschuss' zu gründen.

„Die Anrechnung von Studienzeiten, Studienleistungen und Prüfungsleistungen erfolgt von Amts wegen durch den zuständigen Prüfungsausschuss. Negative Leistungen und Fehlversuche werden bei der Anrechnung berücksichtigt. Die Studierenden haben die für die Anrechnung erforderlichen vollständigen Unterlagen vorzulegen" (‚Universität 2', § 7).
„(2) Die Anerkennung von Vordiplom-, Diplom, Bachelor- und Masterabschlüssen, Zwischenprüfungen, entsprechenden Zeugnissen und einzelnen Abbildungseinheiten (Module), die an anderen Hochschulen Absolviert werden, obliegt dem Prüfungsausschuss. Die Entscheidung über die Anerkennung hat unter Gleichwertigkeitsgesichtspunkten zu erfolgen" (‚Universität 2', § 7).

Verfügt der Prüfungsausschuss nicht über die für eine Entscheidung notwendigen Informationen, wird ihm in der Regel auferlegt, Dritte mit in die Entscheidungsfindung einzubinden.

„Soweit Äquivalenzvereinbarungen nicht vorliegen, entscheidet der Prüfungsausschuss. Bei Zweifeln an der Gleichwertigkeit ist die Zentralstelle für ausländisches Bildungswesen zu hören" (‚Fachhochschule 1', § 2, § 22 Abs. 2).
„(7) Zuständig für die Anrechnungen ist die bzw. der Vorsitzende des Prüfungsausschusses. Die bzw. der Vorsitzende des Prüfungsausschuss kann für die Durchführung dieser Aufgabe einen Anerkennungsausschuss einrichten. Dieser besteht aus mindestens zwei professoralen Mitgliedern des Prüfungsausschuss. Vor Feststellungen über die Gleichwertigkeit sind die zuständigen Fachvertreterinnen und Fachvertreter zu hören" (‚private Hochschule 1', § 2, § 21 Abs. 7).

Sollte Unsicherheit über die Gleichwertigkeit und damit das Vorhandensein der geforderten Kompetenzen bestehen, können von den Antragstellenden gesonderte (Teil-)Prüfungen verlangt werden.

„(4) Als Voraussetzung für die Anrechnung kann eine ergänzende Prüfung gefordert werden, insbesondere wenn die bisher erworbenen Kompetenzen in wichtigen Teilbereichen unvollständig sind oder für das Modul im früheren Studiengang eine geringere Anzahl von Credit Points vergeben wurde als im Studiengang an der [Fachhochschule 1] anzurechnen sind. Hierüber entscheidet der Prüfungsausschuss" (‚Fachhochschule 1', § 19 Abs. 4).

Nach den Darstellungen der hochschul(typ)übergreifenden und generalisierbaren Regelungen in den Studien- und Prüfungsordnungen werden nun die Regelungen zu außerhochschulisch erworbenen Kompetenzen unterteilt nach Hochschultyp betrachtet. Grundlage für diese Analyse ist die Systematisierung nach der ‚Vergleichenden Fallübersicht' (Tabelle 3) in drei Kategorien. In der ersten Kategorie subsumieren sich Regelungen und Ausführungen, die sich eng entlang der gesetzlichen Rahmenbedingungen orientieren. Innerhalb der zweiten Kategorie werden Verfahren dargestellt, in denen über die Orientierung an gesetzlichen Vorgaben hinaus Erweiterungen und Präzisierungen zur Durchführung von Anrechnungsverfahren vorgenommen werden. Die dritte Kategorie beschreibt eine detaillierte und eigens von der Hochschule entwickelte Verfahrensweise zur Anrechnung von Kompetenzen auf grundständige Hochschulstudiengänge.

Die verschiedenen Hochschultypen werden in einem zweiten Schritt hinsichtlich ihrer Regelungen zur Anerkennung und Anrechnung miteinander verglichen. Des Weiteren werden die Regelungen in den Studien- und Prüfungsordnungen der ANKOM-Projekte in den Fokus gerückt. Nach der Darstellung der im Rahmen dieser Initiative entwickelten Anrechnungs- und Anerkennungsmodelle werden diese in Bezug auf die Konzepte der hessischen Hochschulen diskutiert.

5.3 Universitäten

Die Anrechnung von außerhochschulisch erworbenen Kompetenzen findet in fachspezifischen Prüfungsordnungen der Studiengänge der ‚Universität 1' keinerlei explizite Berücksichtigung. Diese wird zentral in den allgemeinen Bestimmungen für Bachelor- und Masterstudiengänge geregelt. Dort heißt es:

„§ 26 Anrechnung von außerhalb einer Hochschule erworbenen Kompetenzen.
Für Kenntnisse und Fähigkeiten, die vor Studienbeginn oder während des Studiums außerhalb einer Hochschule erworben wurden und die in Niveau und Lernergebnis Modulen des Studiums äquivalent sind, können die CP der entsprechenden Module auf Antrag angerechnet werden. Voraussetzung für die Anrechnung der CP ist der individuelle Nachweis in einem vom Fachbereich beschlossenen und im Rahmen der Akkreditierung nach § 12 Abs. 2 HHG überprüften Verfahren. Insgesamt dürfen nicht mehr als 50 % der im Studiengang erforderlichen CP durch Anrechnung ersetzt werden. Die Anrechnung der CP erfolgt in der Regel ohne Note. Dies wird im Zeugnis entsprechend ausgewiesen" (‚Universität 1', § 2, § 26).

Zum einen bezieht sich die Universität damit auf die Vorgabe der KMK,

„[a]ußerhalb des Hochschulwesens erworbene Kenntnisse und Fähigkeiten können höchstens 50 % eines Hochschulstudiums ersetzen" (Kultusministerkonferenz 2002).

welche auch im Hessischen Hochschulgesetz Einzug gefunden hat.

> „(6) Außerhalb von Hochschulen erworbene Kenntnisse und Fähigkeiten können auf ein Hochschulstudium angerechnet werden, wenn die anzurechnenden Kenntnisse und Fähigkeiten den Studien- und Prüfungsleistungen, die sie ersetzen sollen, gleichwertig sind und die Kriterien für die Anrechnung im Rahmen der Akkreditierung nach § 12 Abs. 2 überprüft worden sind. Insgesamt dürfen nicht mehr als 50 vom Hundert der in dem Studiengang erforderlichen Prüfungsleistungen durch die Anrechnung ersetzt werden. Die §§ 23 und 54 bleiben unberührt" (§ 18 HHG).

Zum anderen nutzt die Universität mit dieser sehr offen gehaltenen Formulierung auf der einen Seite den großen Spielraum aus, welcher ihr von der KMK eingeräumt wird,

> „In allen Fällen, in denen Teile eines Studiums, das zu einem Hochschulabschluss führt, durch nichthochschulische Leistungen ersetzt werden soll, entscheidet die Hochschule in eigener Zuständigkeit darüber, ob und in welchem Umfang eine Anrechnung erfolgen kann" (Kultusministerkonferenz 2008).

richtet sich aber auf der anderen Seite nach der Aufforderung, in welcher die Hochschulen dazu angehalten werden

> „(…) von den bestehenden Möglichkeiten der Anrechnung Gebrauch zu machen und Verfahren und Kriterien für die Anrechnung außerhalb des Hochschulwesens erworbener Kenntnisse und Fähigkeiten in den jeweiligen Prüfungsordnungen zu entwickeln" (Kultusministerkonferenz 2008).

Auch bei der ‚Universität 2' bietet eine KMK-Vorgabe den Rahmen dafür, außerhalb der eignen Hochschule erworbene Kompetenzen anzurechnen, wenn die Kenntnisse

> „nach Inhalt und Niveau dem Teil des Studiums gleichwertig sind, der ersetzt werden soll" (Kultusministerkonferenz 2002).

Die Universität macht von diesen Möglichkeiten auf zwei Ebenen Gebrauch. Dabei gelten die bereits genannten Bedingungen zur Anrechnung auch für

> „Studienzeiten, Studienleistungen und Prüfungsleistungen in staatlich anerkannten Fernstudien, für multimedial gestützte Studien- und Prüfungsleistungen sowie für Studien- und Prüfungsleistungen von Frühstudierenden" (‚Universität 2', § 19 Abs. 2).

Dabei bezieht sich die Universität wiederum auf das Hessische Hochschulgesetz.

„Die Hochschule kann besonders begabten Schülerinnen und Schülern die Teilnahme an Lehrveranstaltungen und Prüfungen gestatten. Die Studienzeiten und dabei erbrachte Prüfungsleistungen werden auf Antrag anerkannt" (§ 54 Abs. 5 HHG).

Gleiches gilt auch auf einer zweiten Ebene für Studienzeiten, Studienleistungen und Prüfungsleistungen an anderen Bildungseinrichtungen. In den Allgemeinen Bestimmungen wird hierzu ausgeführt.

„[...] insbesondere an staatlichen oder staatlich anerkennten Berufsakademien; nachgewiesene gleichwertige Kompetenzen, die außerhalb des Hochschulbereichs erworben wurden, können nur bis zur Hälfte der für den Studiengang vorgesehenen Leistungspunkte angerechnet werden" ('Universität 2', § 19).

Auch hier findet sich der Bezug zur im HHG definierten Obergrenze zur Anrechnung von maximal 50 Prozent der außerhochschulisch erworbenen Kompetenzen wieder. Zu non-formal und informell erworbenen Kompetenzen werden keine konkreten Aussagen getroffen.

Den angerechneten Noten werden dann die entsprechenden ECTS-Punkte des jeweiligen Studiengangs anerkannt. Ist das Notensystem, im Rahmen dessen die anzuerkennende Leistung erbracht wurde, nicht vergleichbar mit dem System der Universität, wird lediglich der Vermerk ‚bestanden' aufgenommen (vgl. ‚Universität 2', § 19 Abs. 3). Angerechnete Leistungen werden im ‚Transcript of Records' und im vollständigen Leistungsnachweis mit ‚bestanden' gekennzeichnet (vgl. ebd.).

Die Entscheidung über die Anrechnung von Leistungen trifft, wie auch bei den anderen untersuchten hessischen Universitäten, der Prüfungsausschuss des jeweiligen Fachbereichs. Dazu haben Antragstellende die für eine Anrechnung erforderlichen Unterlagen vorzulegen. Aus diesen müssen die Bewertung, die Leistungspunkte und die Zeitpunkte sämtlicher Prüfungsleistungen hervorgehen (vgl. ebd. Abs. 4).

Die Universität verweist auch auf den Rechtsanspruch auf Anrechnung, insofern alle bereits benannten Kriterien erfüllt sind. Gleichzeitig verweist sie aber auf ihr Recht, Auflagen zu benennen, deren Erfüllung die Voraussetzung zur Anrechnung darstellt. Zum Beispiel kann von diesen Auflagen Gebrauch gemacht werden, indem Antragstellende einzelne Studien- oder Prüfungsleistungen nachholen müssen, um die gesamte Lehrveranstaltung oder das gesamte Modul angerechnet zu bekommen. Diese Auflagen und damit eventuell verbundene Fristen sind Antragstellenden schriftlich mitzuteilen (vgl. ebd. Abs. 7).

Bei der dritten untersuchten Universität finden außerhochschulisch erworbene Kompetenzen keinerlei Berücksichtigung. Der einzige Hinweis auf die Anrechnung von Kompetenzen, die in einem außeruniversitären Setting erworben wurden, findet sich in § 19 Abs. 3.

„(3) Einschlägige berufspraktische Tätigkeiten werden auf gegebenenfalls vorgeschriebene Praktika angerechnet. Außerhalb von Hochschulen erbrachte Leistungen können unter den Voraussetzungen des § 18 Abs. 6 HHG anerkannt werden" („Universität 3', § 19 Abs. 3).

Wird der Umgang der drei exemplarisch ausgewählten hessischen Universitäten im Hinblick auf Anrechnung zusammenfassend betrachtet und überträgt man diese Erkenntnisse auf das eingangs zugrunde gelegte Modell der vergleichenden Fallübersicht, kann festgestellt werden, dass die Regelungen aller drei Universitäten der zweiten Kategorie (Verfahren, in denen über die Orientierung an gesetzlichen Vorgaben hinaus Erweiterungen und Präzisierungen zur Durchführung von Anrechnungsverfahren vorgenommen werden können) zugeordnet werden können. Eine Ausnahme bildet ‚Universität 3', die Anrechnung kaum geregelt hat und sich bei einem Großteil ihrer Darstellungen auf die gesetzlichen Grundlagen beruft. An den meisten Fachbereichen bestehen konkrete Regelungen für den Umgang mit Anrechnung. Daraus kann jedoch – bei einer Betrachtung von außen – keine detaillierte und eigens von der Hochschule entwickelte Verfahrensweise zur Anrechnung von Kompetenzen auf grundständige Hochschulstudiengänge abgeleitet werden, so dass die dritte eingangs formulierte Kategorie (Eine detaillierte und eigens von der Hochschule entwickelte Verfahrensweise zur Anrechnung von Kompetenzen auf grundständige Hochschulstudiengänge) bisher unbesetzt bleibt. Wie das konkrete Verfahren im Einzelnen an den jeweiligen Fachbereichen beziehungsweise innerhalb der einzelnen Prüfungsausschüsse geregelt ist, kann voraussichtlich eine Befragung in Form von Interviews aufzeigen. Eine schriftlich fixierte, veröffentlichte und detaillierte Verfahrensweise konnte bisher nicht identifiziert werden.

5.4 Fachhochschulen

Im weiteren Vorgehen werden die drei exemplarisch ausgewählten hessischen Fachhochschulen hinsichtlich ihrer Regelungen zur Anrechnung außerhochschulisch erworbener Kompetenzen betrachtet.
Die ‚Fachhochschule 1' regelt detailliert die Anrechnung von inländisch und ausländisch erworbenen hochschulischen Kompetenzen. Auf die Anrechnung außerhochschulisch erworbener Kompetenzen wird hingegen nicht eingegangen.

Festgelegt wird, dass anzurechnende Module immer in dem Umfang von so vielen ECTS-Punkten angerechnet werden, wie in der Studienordnung der Hochschule für das jeweilige Modul vorgesehen sind (vgl. ‚Fachhochschule 1', § 19 Abs. 3). Gegenteilig hierzu lässt sich eine Vorgabe identifizieren, die die Anrechnung außerhochschulisch erworbener Kompetenzen zunächst einmal erschwert.

> „Es besteht kein Anspruch auf die Anrechnung von Leistungen aus abgeschlossenen Studiengängen, sowie auf die Anrechnung von Teilleistungen aus nicht abgeschlossenen Modulen" (ebd. Abs. 6).

Darüber hinaus heißt es:

> „[…] sowie auf die Anrechnung von Leistungen, die außerhalb des Hochschulbereichs nachgewiesen wurden. Eine Kennzeichnung der Anrechnung im Zeugnis ist zulässig" (ebd.).

Diese Formulierung lässt zunächst die Lesart zu, dass außerhochschulisch erworbene Kompetenzen pauschal nicht angerechnet werden. Dies würde im Gegensatz zu den Empfehlungen der KMK und des HHGs stehen, wonach bis zu 50 Prozent der Leistungen durch außerhochschulisch erworbene Kompetenzen angerechnet werden können.

Relativiert wird diese Formulierung bei Betrachtung des nächsten Paragraphen der Allgemeinen Bestimmungen für Prüfungsordnungen, welcher sich mit der Anrechnung von Leistungen durch eine Eignungsprüfung beschäftigt:

> „§ 20 Einstufungsprüfung
> (1) Wer eine Hochschulzugangsberechtigung nach § 54 HHG besitzt und die im Hochschulstudium zu erwerbenden besonderen Kenntnisse und Fähigkeiten auf andere Weise erworben hat, kann Zulassung zur Einstufungsprüfung in einen Studiengang nach § 23 HHG beantragen. Der Prüfungsausschuss entscheidet aufgrund der eingereichten Unterlagen über die Zulassung.
> (2) Wird dem Antrag stattgegeben, so legt der Prüfungsausschuss im Einzelfall fest, in welchen Fächern und in welcher Form die Prüfung abzulegen ist und welche weiteren Leistungsnachweise zu erbringen sind. Gleichzeitig wird festgelegt, welche Module aufgrund der bestandenen Einstufungsprüfung angerechnet werden und wie die Bewertung hierfür ermittelt wird.
> (3) Bei erfolgreicher Einstufungsprüfung erfolgt auf der Grundlage der angerechneten Module die Einstufung in ein Fachsemester des Studiengangs" (‚Fachhochschule 2', § 2, § 20).

Nach Rücksprache mit dem Prüfungsamt und der Rechtsabteilung der Hochschule wird deutlich, dass die Formulierung in § 19 Rechtssicherheit herstellt, um die Möglichkeit auszuschließen, dass Bewerber_innen eine Anrechnung rechtlich erstreiten können.

> „Es besteht kein Anspruch auf die Anrechnung von Leistungen, [...] die außerhalb des Hochschulbereichs nachgewiesen wurden" (ebd., § 19 Abs. 6).

Diese Formulierung schließt lediglich einen Anspruch aus, nicht aber die Möglichkeit, dass außerhochschulische Leistungen angerechnet werden können, entweder durch die in den jeweiligen Prüfungsordnungen der Fachbereiche festgelegte, pauschale Anrechnung, durch den jeweiligen Prüfungsausschuss oder durch die in § 20 definierte Einstufungsprüfung.

Allerdings ist an dieser Stelle noch einmal darauf hinzuweisen, dass als Voraussetzung für die Anrechnung von Kompetenzen die Gleichwertigkeit im Rahmen der Akkreditierung überprüft worden ist.

> „(6) Außerhalb von Hochschulen erworbene Kenntnisse und Fähigkeiten können auf ein Hochschulstudium angerechnet werden, wenn die anzurechnenden Kenntnisse und Fähigkeiten den Studien- und Prüfungsleistungen, die sie ersetzen sollen, gleichwertig sind und die Kriterien für die Anrechnung im Rahmen der Akkreditierung nach § 12 Abs. 2 überprüft worden sind. Insgesamt dürfen nicht mehr als 50 vom Hundert der in dem Studiengang erforderlichen Prüfungsleistungen durch die Anrechnung ersetzt werden. Die §§ 23 und 54 bleiben unberührt (§1 8 Abs. 6 HHG).

Demnach kann Anrechnung von außerhochschulisch erworbenen Kompetenzen nur nach Kriterien stattfinden, die in der Akkreditierung des jeweiligen Studiengangs festgelegt wurden. Anhand dieser festgeschriebenen Definitionen von Gleichwertigkeit kann dann auch eine Anrechnung non-formal erworbener Kompetenzen erfolgen.

Bei der Betrachtung der fachspezifischen Regelungen wird schnell deutlich, dass sich der Umgang mit Anrechnung meist auf den Verweis auf die Allgemeinen Bestimmungen für Prüfungsordnungen reduziert. In einzelnen Fachbereichen lassen sich Möglichkeiten identifizieren, eine berufliche Ausbildung auf Praxisphasen während des Studiums anzurechnen. Diese individuell definierten Vertiefungen des Umgangs mit Anerkennung und Anrechnung außerhochschulisch erworbener Kompetenzen soll hier exemplarisch aufgezeigt werden. Zunächst werden Fristen für das Einreichen eines Antrags zur Anerkennung und Anrechnung beruflicher Qualifikationen definiert.

> „Der entsprechende Antrag auf Anerkennung ist bis zum Ende des 1. Semesters an der [Name der Hochschule] zu stellen" („Fachhochschule 1‘, § 14 Abs. 3 PO ,FB 1‘).

Zur Aufnahme des Bachelorstudiums [Name des Studiengangs] ist ein Vorpraktikum notwendig. Die Leistung des Vorpraktikums kann unter gewissen Vorkenntnissen angerechnet werden.

„Eine abgeschlossene Lehre in einem Bauberuf kann das Praktikum ersetzen. Solche Bauberufe sind: Maurer, Zimmermann, Betonbauer, Bauschreiner, Metallbauer/Schlosser [...]. Auch der Abschluss von Lehrberufen, innerhalb deren Ausbildung eine Baustellentätigkeit in ausreichender Länge eingeschlossen ist [...] kann ein Vorpraktikum ersetzen" (ebd. § 5 PO ‚FB 1').

Die Ausgestaltung zwischen den Fachbereichen und Studiengängen ist höchst unterschiedlich: von einem Ausschluss der Anrechnung berufspraktischer Erfahrung (vgl. ‚Fachhochschule 2, § 11 PO ‚FB 2') über die pauschale Anrechnung klar definierter berufspraktischer Abschlüsse, wie bereits beschrieben, bis zurück zu einer ‚hochschwelligen' Regelung, wie es der ‚Fachbereich 3' für den Bachelorstudiengang [Name des Studiengangs] geregelt hat.

„§ 12 Anrechnung von praktischen Tätigkeiten
Berufspraktische Tätigkeiten vor Studienbeginn können in der Regel nicht auf das Berufspraktische Projekt angerechnet werden. Anträge auf Anerkennung sind in jedem Einzelfall an die Praxisbeauftragte/den Praxisbeauftragen zu richten" (‚Fachhochschule 2', § 12 PO).

Kontrastierend zu den Regelungen der ‚Fachhochschule 1' beschreibt die ‚Fachhochschule 2' deutlich konkretere Regelungen und Möglichkeiten der Anrechnung außerhochschulisch erworbener Kompetenzen.

Hier wird bereits in den Allgemeinen Bestimmungen für Bachelorprüfungsordnungen beziehungsweise in den entsprechenden Allgemeinen Bestimmungen für Masterprüfungsordnungen der Umgang mit Anrechnung umfassend geregelt. Zudem besteht die Möglichkeit, bereits absolvierte Praxisphasen anrechnen zu lassen, sofern diese in gleichwertigem Umfang gemäß der fachspezifischen Vorgabe geleistet wurden.

„Gleichwertige Praxiszeiten und -phasen sowie Berufspraktische Studiensemester können nach Maßgabe der Fachspezifischen Bestimmungen auf die Praxis- oder Projektphase angerechnet werden" (‚Fachhochschule 2', § 14 Abs. 3).

Im Rahmen des Absatz' sieben des gleichen Paragraphen wird auf die Anrechnung außerhochschulisch erworbener Kompetenzen eingegangen und dargestellt, dass Kenntnisse und Fähigkeiten, die den Modulleistungen entsprechen, angerechnet werden können. Bezüglich des Umfangs anrechenbarer Leistungen wird die ‚50 %-Regel' gemäß des KMK-Beschlusses von 2002 angeführt.

„Außerhalb einer Hochschule oder staatlichen oder staatlich anerkannten Berufsakademie erworbene Kenntnisse und Fähigkeiten können auf Antrag angerechnet
werden, wenn die anzurechnenden Kenntnisse und Fähigkeiten den Modulen oder
Modulleistungen, die sie ersetzen sollen, gleichwertig und die Kriterien für die Anrechnung im Rahmen der Akkreditierung überprüft worden sind. Insgesamt dürfen
nicht mehr als 50 Prozent der im Studiengang erforderlichen Modulleistungen
durch die Anrechnung ersetzt werden. Die Abs. 1 bis 5 gelten entsprechend. § 23
bleibt unberührt" (ebd. § 14, Abs. 7).

Zudem verweist § 14 darauf, dass die §§ 2 und 23 davon unberührt bleiben.
Somit können Studienbewerber_innen beziehungsweise Studierenden Modulleistungen durch Kenntnisse, die außerhalb des Hochschulkontextes erworben
wurden, gemäß des Prüfungsergebnis' erlassen oder angerechnet werden. Ablauf der Antragsstellung auf Einstufungsprüfung und Art der einzureichenden
Unterlagen sind ebenfalls entsprechend festgelegt.

„(1) Studienbewerberinnen oder -bewerbern mit einer Hochschulzugangsberechtigung nach § 54 HHG bzw. Studierenden, die auf andere Weise als durch ein Hochschulstudium besondere Fähigkeiten und Kenntnisse erworben haben, die für die erfolgreiche Beendigung des Bachelorstudiums erforderlich sind, können nach dem
Ergebnis einer Einstufungsprüfung Module oder Modulleistungen erlassen oder
nach § 14 Abs. 6 angerechnet werden.
(2) Der Antrag auf Durchführung der Einstufungsprüfung ist schriftlich an die Vorsitzende oder den Vorsitzenden des Prüfungsausschusses zu stellen. Dem Antrag
sind beizufügen:
1. ein Lebenslauf mit Angabe des Ausbildungsweges und des bisherigen beruflichen Werdeganges,
2. öffentlich beglaubigte Abschriften oder Ablichtungen der Zeugnisse und Nachweise über die Hochschulzugangsberechtigung nach § 54 HHG und die Fähigkeiten
und Kenntnisse nach Abs .1 sowie
3. eine Erklärung darüber, ob die Bewerberin oder der Bewerber bereits eine Ba-
chelorprüfung im gleichen Studiengang endgültig nicht bestanden hat und ob sie
oder er sich in einem nicht abgeschlossenen Prüfungsverfahren befindet.
(3) Auf der Grundlage der eingereichten Unterlagen entscheidet der Prüfungsausschuss über die Zulassung der Bewerberin oder des Bewerbers zur Einstufungsprüfung. Wird der Zulassungsantrag abgelehnt, erteilt das Prüfungsamt einen schriftli-
chen, mit einer Begründung und einer Rechtsbehelfsbelehrung versehenen Bescheid.
(4) Wird die Bewerberin oder der Bewerber zur Einstufungsprüfung zugelassen,
legt der Prüfungsausschuss schriftlich fest, in welchen Modulen und in welcher
Form die Einstufungsprüfung abzulegen ist" (§ 23 HHG).

Die ‚Fachhochschule 2' formuliert explizit die Möglichkeit, außerhochschulisch
erworbene Kompetenzen anzurechnen (vgl. Abs. 1). Zur Feststellung der
Gleichwertigkeit hat sie ein Verfahren für eine ‚Einstufungsprüfung' definiert.

Werden nun die fachspezifischen Regelungen betrachtet, finden sich an dieser Stelle verschiedenste, vertiefende, fachlich spezialisierte Regelungen zur Anrechnung außerhochschulisch erworbener Kompetenzen. Exemplarisch werden hier zwei der fachspezifischen Regelungen dargestellt.

Die am wenigsten differenzierte Festlegung kommt beispielsweise im ,Fachbereich 1' zum Tragen. Dort wird konstatiert, dass praktische Kompetenzen, die im Vorfeld des Studiums erworben wurden, ganz oder teilweise angerechnet werden können.

> „(1) Studierenden, die eine der Praxisphase gleichwertige Tätigkeit nachweisen, die zu einer Zeit erbracht wurde, an der die bzw. der Studierende nicht immatrikuliert war, kann diese auf Antrag ganz oder teilweise auf die Praxisphase angerechnet werden" (,Fachhochschule 2', Anlage 3, § 9 Abs. 1).

Die fachspezifische Ordnung eines anderen Studiengangs konkretisiert die Anerkennung und Anrechnung von berufspraktischen Erfahrungen zusätzlich auf folgende Weise:

> „Studierenden, die eine der Berufspraktischen Phase gleichwertige Tätigkeit nachweisen, kann diese auf Antrag ganz oder teilweise auf die Berufspraktische Phase angerechnet werden. Praktische Tätigkeiten von Studierenden sollen nur dann auf die Berufspraktische Phase angerechnet werden, wenn die Tätigkeit auf einem Ausbildungsstand basiert, der den ersten vier Semestern des Studiengangs Allgemeine [Name des Faches] entspricht. Eine Anrechnung ist grundsätzlich nur für gleichwertige Tätigkeiten möglich, die in einem zusammenhängenden Zeitraum von mindestens acht Wochen ausgeübt wurde. Über die Anrechnung entscheidet der Prüfungsausschuss. Die Dokumentation und das Fachreferat nach § 6 sind ungeachtet einer Anrechnung von Tätigkeiten zu erbringen" (,Fachhochschule 2', Anlage 4, § 9).

Im Rahmen der Prüfungsordnung eines weiteren Bachelorstudiengangs werden die Bestimmungen zur Anrechnung der Allgemeinen Bestimmungen für Prüfungsordnungen – welche den üblichen Darstellungen entsprechen und daher an dieser Stelle nicht erneut dargestellt werden – noch um einen Aspekt erweitert.

> „(1) Über den § 15 der Allgemeinen Bestimmungen für Prüfungsordnungen der [Name der Hochschule] mit den Abschlüssen Bachelor und Master vom [Datum] hinaus, kann der Prüfungsausschuss im Rahmen der rechtlichen Möglichkeiten auch Verfahren der Überprüfung und Anrechnung von Wissen und Kompetenzen aus beruflicher Weiterbildung und beruflicher Praxis auf einzelne Module des Studienganges vorsehen. Grundlage hierfür ist ein individueller Nachweis der Kompetenzen, die in den vom Fachbereich für die jeweiligen Module beschlossen Kompetenzstandards definiert sind" (,Fachhochschule 3', § 3 Abs. 1).

Hier wird erneut die Möglichkeit hervorgehoben, auch außerhochschulisch (zum Beispiel beruflich) erworbene Kompetenzen in das individuelle Anrechnungsverfahren einfließen zu lassen. Diese beziehen sich sowohl auf die berufliche Weiterbildung (,learning on the job') als auch auf die in der Ausübung der jeweiligen beruflichen Tätigkeit erworbenen Kompetenzen.

Darüber hinaus können Module pauschal angerechnet werden, soweit berufspraktische Vorkenntnisse bestehen, die dies rechtfertigen.

> „(4) Berufstätigen im berufsbegleitenden Studium kann das Modul PM 15 anerkannt werden, wenn die Berufstätigkeit in einem für das Pflegemanagement relevanten Gebiet erfolgt und entsprechende Kompetenzen nachgewiesen werden" (ebd., Abs. 4).

In der Gesamtschau der analysierten hessischen Fachhochschulen wird deutlich, dass es hier verschiedenste Ausprägungen bei der Ausgestaltung des Umgangs mit der Anrechnung außerhochschulisch erworbener Kompetenzen gibt. Die größte Ausprägung findet sich hier, wie auch schon bei den Universitäten, auf der zweiten Stufe (Verfahren, in denen über die Orientierung an gesetzlichen Vorgaben hinaus Erweiterungen und Präzisierungen zur Durchführung von Anrechnungsverfahren vorgenommen werden können). Es lassen sich aber auch mehrere eigens entwickelte Verfahren (Stufe 3) identifizieren, welche in den hessischen Fachhochschulen Anwendung finden. Insgesamt scheinen die Ausgestaltung von Verfahren aufgrund rechtlicher Vorgaben (Stufe 2) sowie die Entwicklung eigener Verfahren (Stufe 3) bei den Fachhochschulen stärker ausgeprägt als bei den Universitäten. Eine Erklärung für diesen Eindruck könnte in dem stärkeren Bezug der Fachhochschulen zur beruflichen Praxis gesehen werden.

5.4.1   Staatlich anerkannte private Hochschulen

Nach der Betrachtung der beiden öffentlichen Hochschularten in Hessen wird in einem dritten Schritt der Analyse der Blick auf die staatlich anerkannten privaten Hochschulen gerichtet. Eventuelle Abweichungen zu den öffentlichen Hochschulen oder Spezifika dieser Hochschulform sollen dabei herausgearbeitet und in dem Modell der vergleichenden Fallübersicht verortet werden.

Bedeutsam erscheint die Möglichkeit, generell auch außerhochschulisch erworbene Kompetenzen anrechnen zu lassen.

> „(4) Auf Antrag können sonstige Kenntnisse und Qualifikationen auf Grundlage vorgelegter Unterlagen ohne Note angerechnet werden" (,private Hochschule 1', § 21 Abs. 1).

Dies deutet auf eine sehr liberale und offene Haltung zu dem Themengebiet der Anrechnung von außerhochschulisch erworbenen Kompetenzen hin, da es zunächst keine Einschränkungen oder konkrete Vorgaben möglicher anzurechnender Leistungen gibt. Auch bei der gesetzlich verankerten Einstufungsprüfung ist eine Einstufung in ein höheres Semester ohne weiteres möglich. Die Prüfungen werden erlassen und die Leistungen entsprechend ohne Note angerechnet.

> „(5) Studierenden, die aufgrund einer Einstufungsprüfung gemäß § 49 Abs. 11 HG berechtigt sind, das Studium in einem höheren Fachsemester aufzunehmen, werden die in der Einstufungsprüfung nachgewiesenen Kenntnisse und Fähigkeiten auf die Studienleistungen ohne Note angerechnet die entsprechenden Prüfungsleistungen werden ihnen erlassen und ein entsprechender Hinweis im Abschlusszeugnis aufgenommen. Die Feststellungen im Zeugnis über die Einstufungsprüfung sind für die Dekanin oder den Dekan bindend" (ebd., Abs. 5).

Über die gesetzlichen Rahmenbedingungen hinaus, demnach der zweiten Kategorie zuzuordnen, legt die private Hochschule zuständige Akteur_innen und Gremien für die Anrechnung von Kompetenzen fest.

> „(7) Zuständig für die Anrechnungen ist die bzw. der Vorsitzende des Prüfungsausschusses. Die bzw. der Vorsitzende des Prüfungsausschuss kann für die Durchführung dieser Aufgabe einen Anerkennungsausschuss einrichten. Dieser besteht aus mindestens zwei professoralen Mitgliedern des Prüfungsausschuss. Vor Feststellungen über die Gleichwertigkeit sind die zuständigen Fachvertreterinnen und Fachvertreter zu hören" (ebd., Abs. 7).

Als weitere Besonderheit darf diese *Kann-Bestimmung* erachtet werden, welche dem beziehungsweise der Vorsitzenden des Prüfungsausschusses die Möglichkeit zugesteht, einen Anerkennungsausschuss einzurichten. Damit kann ein Gremium implementiert werden, welches sich explizit mit der Anrechnung von Kompetenzen auf Studiengänge beschäftigt.

Grundsätzlich muss der Antrag auf Anrechnung vor der Erbringung der ersten Prüfungsleistung des Studiums (also nicht vor Beginn des Studiums) gestellt werden (vgl. ebd., Abs. 8). Aber auch darüber hinaus wird den Studierenden die Möglichkeit eröffnet, sich im Laufe des Studiums erworbene Kompetenzen auf das Studium anrechnen zu lassen.

> „Studienleistungen und sonstige Kenntnisse und Qualifikationen, die während des Studiengangs auf dessen Lehrveranstaltung(en) bzw. Module eine Anrechnung erfolgen soll, erbracht bzw. erworben wurden, können auch nach Aufnahme des betreffenden Studiengangs angerechnet werden" (ebd.).

Ausgeschlossen ist eine solche Anrechnung allerdings, wenn Studierende im Rahmen der betroffenen Lehrveranstaltung beziehungsweise des betroffenen Moduls bereits eine Prüfung abgelegt haben. So kann vermieden werden, dass für die Studierenden besonders fordernde Lehrveranstaltungen und Prüfungen, in denen gegebenenfalls bereits ein oder zwei Fehlversuche in Anspruch genommen wurden, durch Anrechnung umgangen werden können.

Bei dem Umfang maximal anzurechnender außerhochschulisch erworbener Kompetenzen orientiert sich die private Hochschule an den KMK-Vorgaben.

„Aufgrund einer Anrechnung von sonstigen Kenntnissen und Qualifikationen oder das Bestehen der Einstufungsprüfung kann eine Einstufung maximal bis zur Hälfte der für den Studiengang vorgesehenen Leistungspunkte nach dem European Credit Transfer System (ECTS) erfolgen" (ebd., Abs. 9).

Eine Einstufung durch Anrechnung hochschulisch erworbener Kompetenzen kann maximal in das fünfte Fachsemester erfolgen. Eine Anrechnung der Abschlussarbeit kann nicht vorgenommen werden (vgl. ebd.).

Nach der Analyse der Rahmenordnung für Bachelorstudiengänge kann bilanziert werden, dass die private Hochschule den gesetzlichen Spielraum zur Anrechnung von – sowohl hochschulisch als auch außerhochschulisch – erworbenen Kompetenzen weitestgehend ausnutzt. Die Frage nach dem Bezug zum Hochschultyp bleibt an dieser Stelle allerdings offen.

In den Prüfungsordnungen der einzelnen Bachelorstudiengänge sind keine weiteren Spezifikationen zum Vorgehen bei Anrechnungsverfahren mehr definiert. Die Thematik ist aus den fachspezifischen Regelungen komplett in die Allgemeinen Bestimmungen ausgelagert worden. Dies bedeutet auf der einen Seite einen relativ großen Spielraum der einzelnen Fachbereiche beziehungsweise Studiengänge bei dem Umgang mit Anrechnungsanträgen. Auf der anderen Seite gibt es für die Antragstellenden keine Orientierungen und Verbindlichkeiten, die über die Rahmenbedingungen hinaus Wirksamkeit haben.

Die Rahmenordnung für Masterstudiengänge der privaten Hochschule gleicht im Hinblick auf Anrechnung von außerhochschulisch erworbenen Kompetenzen den Regelungen der Rahmenordnung für Bachelorstudiengänge.

In der Gesamtschau der privaten hessischen Hochschulen mit staatlicher Anerkennung lässt sich zusammenfassend darstellen, dass es enorm aufwendig ist, Einblick in die Studien- und Prüfungsordnungen zu erlangen. Im Unterschied zu den untersuchten öffentlichen Hochschulen kann in der Breite nicht über die Homepage der Hochschule Einblick in die Ordnungen genommen werden. Inhaltlich lässt sich feststellen, dass insgesamt keine Besonderheiten identifiziert werden können, die sich allein auf den Rechtsstatus der Hochschule beziehen lassen. In dem dargestellten Beispiel wird jedoch deutlich, dass der rechtliche Spielraum stark ausgeschöpft wird und sogar eigene Verfahren entwickelt werden, die sich der Kategorie drei der vergleichenden Fallübersicht, also der eigenständigen Entwicklung spezifischer Verfahren, zuordnen lassen. Eine starke Motivation dieses Hochschultyps, solche Verfahren zu entwickeln und zu implementieren, könnte darin begründet sein, dass viele Studierende dieser Hochschule das Studium berufsbegleitend absolvieren, so dass es großes Potential für die Anrechnung außerhochschulisch erworbener Kompetenzen gibt. Des Weiteren beeinflusst der Wettbewerb um Studierende die Entwicklung von Anrechnungsverfahren sehr stark. Mit der Möglichkeit der Anrechnung und dem daraus resultierenden Zeitgewinn, können den staatlichen Hochschulen Bewerber_innen abgerungen werden. Darüber hinaus ist es auch denkbar, dass die Studierenden, die für ihr Studium Teilnahmeentgelte zahlen, einen besonderen Anspruch an den Servicegedanken und damit auch an den Themenbereich der Anrechnung mitbringen.

5.4.2 Zusammenfassung der hessischen Hochschulen

Nach der exemplarischen Betrachtung aller drei Hochschulformen der öffentlichen und öffentlich anerkannten Hochschulen in Hessen in Bezugnahme auf die Entwicklung von Verfahren zur Anrechnung von hochschulisch und außerhochschulisch erworbenen Kompetenzen wird nun eine kurze vereinheitlichende und zusammenfassende Zwischenbilanz gezogen, bevor die Betrachtungen auf die ‚ANKOM-Projekte' ausgeweitet werden.

Die hessischen Hochschulen orientieren sich dicht an den gesetzlichen Rahmenbedingungen und den Empfehlungen und Vorgaben der KMK und HRK. Eigene innovative Konzepte zur Erarbeitung von Kompetenzanrechnungsverfahren können anhand des erhobenen Materials nicht identifiziert werden. Allerdings wird hierbei auch ein Feld beforscht, welches einen spürbaren Wandel durchläuft. Die hier vorgenommene Analyse kann nur als Momentaufnahme und übergeordneter Beitrag zur aktuellen Situation in Hessen beitragen. Die weitaus überwiegende Zahl der allgemeinen und der fachspezifischen Ordnungen bedienen sich der Möglichkeit der individuellen Anrechnung von Leistungen auf Studiengänge. Diese wenig konkret ausformulierten Möglichkeiten einer individuellen Prüfung des Einzelfalls lassen keinerlei Rückschlüsse auf die operative Umsetzung des Verfahrens zu. Hier müsste im Rahmen der Expert_inneninterviews explizit erhoben werden, inwiefern von diesen abstrakt formulierten Möglichkeiten der Anerkennung und Anrechnung in der Praxis Gebrauch gemacht wird. Handreichungen, Orientierungs- oder Bewertungsbögen sowie Kriterienkataloge für eine individuelle Anrechnung werden von keiner Hochschule/von keinem Fachbereich der untersuchten Institutionen öffentlich zugänglich gemacht. Dies kann sich auch in rechtlichen Aspekten begründen, welche ein Einklagen in einen Studiengang für abgelehnte Bewerber_innen ermöglichen würde. Von daher muss es an dieser Stelle als völlig unklar angesehen werden, ob in der praktischen Handhabung bei der Durchführung von individuellen Anrechnungsverfahren solche ‚Kriterienkataloge' Anwendung finden. Die Analyse der Rahmen- und Prüfungsordnungen gibt keine direkten Hinweise dazu. Um einen einheitlichen und strukturierten Umgang mit der Anerkennung und Anrechnung, besonders von außerhochschulisch erworbenen Leistungen, sicherzustellen, kann jedoch vermutet werden, dass hochschulintern auf solche Kriterienkataloge zurückgegriffen wird.

5.5 Auswertung der Allgemeinen Bestimmungen und der Studien- und Prüfungsordnungen der ANKOM geförderten Projekte

Im Rahmen der vom BMBF geförderten Initiative wurde das Feld der Anerkennung und Anrechnung aufbereitet und Instrumente zur „Anrechnung beruflicher Kompetenzen auf Hochschulstudiengänge an verschiedenen Standorten, in unterschiedlichen thematischen und organisatorischen Zusammenhängen sowie mit verschiedenen nichthochschulischen Partnern entwickelt, erprobt und dokumentiert" (Vogt 2012, S. 167f).

Im Folgenden sollen die in die Studien- und Prüfungsordnungen der jeweiligen Studiengänge eingeflossenen Regelungen zu Anrechnung analysiert und mit den bereits dargestellten Regelungen in Hessen verglichen werden.

Abweichend zur Analyse der hessischen Hochschullandschaft wird im Rahmen der Analyse der ANKOM-Projekte ausschließlich auf die Studiengänge eingegangen, die im Rahmen des Programms gefördert wurden. Die Studiengänge, die an den Projekthochschulen angeboten werden, sich aber nicht in der ANKOM-Förderung befinden, werden hier nicht berücksichtigt.

Die ‚ANKOM-Initiative 1' gibt bereits in den Rahmenordnungen klare Strukturen für den Umgang mit außerhochschulisch erworbenen Kompetenzen vor:

> „Außerhalb des Studiums abgeleistete berufspraktische Tätigkeiten werden angerechnet, soweit die Gleichwertigkeit entsprechend Absatz 2 Sätze 2 und 3 festgestellt ist" (‚ANKOM-Initiative 1', § 15. Abs. 3) .

Dies bedeutet, dass außerhochschulisch erworbene Kompetenzen auf einen Studiengang angerechnet werden können, insofern sie einer Gleichwertigkeitsprüfung standhalten. Hierbei wird nicht explizit zwischen formalen, nonformalen oder informell erworbenen Kompetenzen unterschieden. Relevant für die Anrechnung ist lediglich die Gleichwertigkeitsprüfung durch den Prüfungsausschuss. Auch die Kriterien der Gleichwertigkeit sind nicht explizit erläutert. Es ist aber davon auszugehen, dass sich diese an die Kriterien aus der Anrechnung hochschulisch erworbener Kompetenzen anlehnen und damit, wie auch in Hessen, an den gesetzlichen Rahmenbedingungen orientieren. Des Weiteren können auch Leistungen angerechnet werden, die sich aus fachberuflichen Abschlüssen ableiten lassen.

„Leistungen aus einer abgeschlossenen Ausbildung an einer Verwaltungs- und Wirtschaftsakademie oder einer staatlichen oder staatlich anerkannten Berufsakademie können anerkannt werden. Die Entscheidung hierüber trifft der zuständige Prüfungsausschuss" (ebd., Abs. 4).

Auch hier werden Kompetenzen angerechnet, die außerhalb der Hochschule in einem formalen Rahmen erworben wurden. Etwas weitreichender regelt das Verfahren der Anrechnung außerhochschulisch erworbener Abschlüsse die ‚ANKOM-Initiative 2', indem auch Fachweiterbildungen angerechnet werden können.

„Qualifikationen, die in Fachweiterbildungen erworben wurden, können im Rahmen eines qualitätsgesicherten pauschalen Anrechnungsverfahrens angerechnet werden, sofern eine Gleichwertigkeit der Leistungen nach Inhalt und Niveau mit dem Teil des Studiums festgestellt wird, der angerechnet werden soll. Dabei ist kein schematischer Vergleich, sondern eine Gesamtbetrachtung vorzunehmen. Die Praxiserfahrung kann einbezogen werden. Über die pauschale Anrechnung von Studien und Prüfungsleistungen entscheidet der Prüfungsausschuss" (‚ANKOM-Initiative 2', § 8 Abs. 2).

Um dem Anspruch des qualitätsgesicherten Verfahrens Rechnung zu tragen, hat die entsprechende Hochschule in 24 Fällen Qualifikationen definiert, die auf das dafür vorgesehene Studium mit zwischen acht und 48 ECTS-Punkten pauschal angerechnet werden.

„Inhaber der beruflichen Fort- und Weiterbildungsqualifikationen geprüfter Industriefach-wirt/-in, Betriebswirt/in (IHK), geprüfte/r Betriebswirt/in, geprüfte/r Industriemeister/in (Fachrichtung Metall, Elektrotechnik, Mechatronik und Textilwirtschaft), geprüfte/r Bilanz-buchhalter/in, geprüfte/r Versicherungsfachwirt/in, geprüfte/r Wirtschaftsfachwirt/in und Finanzbuchhalter/in (VHS) können eine pauschale Anrechnung ihrer bereits erbrachten Leistungen im berufsbegleitenden Bachelor-Studiengang [Name des Studiengangs] vornehmen lassen und damit ihre Studienzeit verkürzen." (‚ANKOM-Initiative 2 Homepage')

Dies stellt eine Besonderheit dar, weil der Studiengang damit bundesweit zu den ersten Studiengängen gehört, der eine pauschale Anrechnung von Fortbildungsqualifikationen vorsieht. Fachweiterbildungen können jedoch nicht nur über das pauschale System angerechnet werden. Auch eine individuelle Anrechnung durch einen Äquivalenzvergleich ist möglich.

> „Qualifikationen, die in Fachweiterbildungen erworben wurden, können auch aufgrund eines individuellen qualitätsgesicherten Äquivalenzprüfverfahrens angerechnet werden. Voraussetzung für die Anrechnung von Studien- und Prüfungsleistungen ist eine Übereinstimmung der Leistungen hinsichtlich Inhalt, Umfang und Niveau. Angerechnet werden ausschließlich Themengebiete, in denen eine Lernerfolgskontrolle stattfand. Über die individuelle Anrechnung entscheidet der Prüfungsausschuss. Als qualitativ-inhaltliche Kriterien für den Ersatz von Studienleistungen durch außerhalb des Hochschulwesens erworbene Kenntnisse und Fähigkeiten gelten die in den Modulbeschreibungen des Studiengangs festgelegten Lernergebnisse. Die Praxiserfahrung kann einbezogen werden" (ebd., § 8 Abs. 3).

So können auch Absolvent_innen von Fachweiterbildungen von den Möglichkeiten der Anrechnung profitieren, deren Weiterbildungen nicht durch die pauschalen Verfahren abgedeckt sind. Als Eckpfeiler zur Qualitätssicherung dienen die Vorgaben, dass nur Themengebiete angerechnet werden können, in denen eine Lernerfolgskontrolle stattgefunden hat und nur Kompetenzen anrechenbar sind, welche in der Modulbeschreibung auch für den Studiengang als relevant formuliert wurden. Eine weitere Besonderheit besteht darin, dass auch praktische Qualifikationen angerechnet werden können.

> „Praktische Qualifikationen (prior learning and experience), insbesondere auf gehobener Managementebene können angerechnet werden, wenn das Vorliegen der mit dem anzurechnenden Modul angestrebten Kompetenzen durch eine Prüfung gemäß § 11 Abs. 5 nachgewiesen wird" (ebd., Abs. 4).

Im angeführten § 11 Abs. 5 ist festgeschrieben, dass auch Prüfungsarten wie mündliche Prüfungen, Referate, Internetprojekte und Lernassessments zulässig sind (vgl. ebd., § 11 Abs. 5). Studieninteressierte können sich nicht nur bereits abgeschlossene Aus- und Weiterbildungen pauschal und individuell anrechnen lassen, auch die Anrechnung von praktischen Qualifikationen ist, nach dem Ablegen einer Prüfung, möglich.

Der Umfang der anrechenbaren Anteile ist auf 120 ECTS-Punkte (für den innerhalb der ANKOM-Initiative geförderten Bachelorstudiengang) begrenzt. Zusätzlich ist festgelegt, dass maximal 40 ECTS-Punkte aus dem Gebiet der praktischen Qualifikationen anrechenbar sind. Aus allen anderen möglichen Optionen (hochschulisch, pauschale und individuelle Anrechnung von Fachweiterbildungen) können höchstens 120 ECTS-Punkte erlassen werden.

> „Die Anrechnung von Prüfungsleistungen gemäß Absatz 1 bis 4 ist höchstens bis zu einem Umfang von 120 Kreditpunkten möglich. Davon dürfen maximal 90 Kredit-

punkte aus den in den Absätzen 2 bis 4 genannten Bereichen stammen. Maximal 40 Kreditpunkte können aus dem in dem Absatz 4 genannten Bereich stammen. Die Bachelorarbeit ist von der Anrechnung ausgenommen" (ebd., Abs. 5).

Die ‚ANKOM-Initiative 3' formuliert in Hinblick auf *Anrechnung* eine ganze Reihe von Maßnahmen, welche im Rahmen der ANKOM-Initiative entwickelt wurden.

„Auf Pflegemanagement und Pflegewissenschaften werden Pflegeaus- und Weiterbildungsabschlüsse pauschal anerkannt im Umfang von 50 LP (mit Kompetenzcheck). Die Anerkennung ist akkreditiert. Auf den Studiengang Betriebswirtschaft wird die Weiterbildung zum staatlich geprüften Betriebswirt mit 40 LP anerkannt mit der Auflage, bestimmte Kompetenzen nachzuholen. Akkreditierung als pauschales Verfahren ist geplant. Im Studiengang Landwirtschaft wird auf das 12monatige Vorpraktikum eine abgeschlossene Berufsausbildung in geeigneten Berufen angerechnet, beispielsweise LTAs, PTAs, Tierwirte, Groß-, Außenhandels- und Industriekaufleute im „Grünen Bereich", Pferdewirte, Fachkräfte Agrarservice, Landmaschinenmechaniker, Forstwirte oder Gärtner. Die Anrechnung ist akkreditiert. Auf den Studiengang Landwirtschaft soll darüber hinaus die Weiterbildung zum staatlich geprüften Betriebswirt, FR Agrarwirtschaft und zum staatlich geprüften Agrarbetriebswirt im Umfang von ca. 20 – 30 LP (bis zu 1 Semester) angerechnet werden. Auf Pflegemanagement und Pflegewissenschaften werden Pflegeaus- und Weiterbildungsabschlüsse pauschal anerkannt im Umfang von 50 LP (mit Kompetenzcheck). Die Anerkennung ist akkreditiert. Auf den Studiengang Betriebswirtschaft wird die Weiterbildung zum staatlich geprüften Betriebswirt mit 40 LP anerkannt mit der Auflage, bestimmte Kompetenzen nachzuholen. Akkreditierung als pauschales Verfahren ist geplant. Im Studiengang Landwirtschaft wird auf das 12monatige Vorpraktikum eine abgeschlossene Berufsausbildung in geeigneten Berufen angerechnet, beispielsweise LTAs, PTAs, Tierwirte, Groß-, Außenhandels- und Industriekaufleute im „Grünen Bereich", Pferdewirte, Fachkräfte Agrarservice, Landmaschinenmechaniker, Forstwirte oder Gärtner. Die Anrechnung ist akkreditiert. Auf den Studiengang Landwirtschaft soll darüber hinaus die Weiterbildung zum staatlich geprüften Betriebswirt, FR Agrarwirtschaft und zum staatlich geprüften Agrarbetriebswirt im Umfang von ca. 20 – 30 LP (bis zu 1 Semester) angerechnet werden" (‚ANKOM-Initiative 3' Homepage).

Eine weitere Besonderheit des Allgemeinen Teils der Prüfungsordnung der ‚ANKOM-Initiative 3' besteht in der Zuständigkeit für die Anrechnung von Leistungen. Ist bei den bisher untersuchten Hochschulen der Prüfungsausschuss das entscheidende Gremium für die Anrechnung von Leistungen, benennt die Prüfungsordnung der Hochschule die Studiendekane für diese Aufgabe.

„Entscheidungen zur Anerkennung und Anrechnung trifft die Studiendekanin bzw. der Studiendekan" (‚ANKOM-Initiative 3', § 11 Abs. 5 S. 1).

In keiner der fachspezifischen Regelungen der durch ANKOM geförderten Projekte lassen sich weitere Definitionen oder Ausgestaltungen dieser Vorgabe identifizieren.

Eine Besonderheit besteht in der Äquivalenzprüfung, deren Verfahren auf der Homepage der Initiative explizit beschrieben ist. Allerdings ist die Ausformulierung der Äquivalenzprüfung nicht Bestandteil der Studien- und Prüfungsordnung. Da hier aber das genaue Verfahren der Anrechnung beruflicher Kompetenzen beschrieben wird, soll dieses auch im Rahmen der hier vorliegenden Analyse dargestellt werden. Neben der Hochschulzugangsberechtigung haben die Bewerber_innen vor Aufnahme des Studiums zusätzlich eine abgeschlossene Berufsausbildung nachzuweisen. Folgende Berufsbilder können berücksichtigt werden:

Gesundheits- und Krankenpflegerin/Gesundheits- und Krankenpfleger oder Gesundheits- und Kinderkrankenpflegerin/Gesundheits- und Kinderkrankenpfleger oder Altenpflegerin/Altenpfleger oder Hebamme/Entbindungspfleger oder Heilerziehungspflegerin/Heilerziehungspfleger oder eine als gleichwertig anerkannte Berufsausbildung im Bereich des Gesundheitswesens (vgl. ‚ANKOM-Initiative 3' Homepage).

Auf Basis dieser Zugangsvoraussetzungen wurde eine Äquivalenzprüfung konzeptioniert, welche die Studierenden direkt in das dritte Semester einstuft. Die ersten zwei Semester (vier Module) werden im Rahmen des Studiums gar nicht angeboten.

> „Die Äquivalenzprüfung ist Teil des Studiums und wird von den Studierenden zu Beginn des Studiums abgelegt. Geprüft werden Inhalte der pflegerischen Grundausbildung. Das Bestehen dieser Prüfung ist nicht Voraussetzung für die Aufnahme des Studiums. Mit der Prüfung erbringen die Studierenden vielmehr die ersten Studienleistungen. Diese werden benotet und fließen in die Bewertungen des Studiums ein. Sie unterliegen der Prüfungsordnung des Studienprogramms und können bei Nichtbestehen entsprechend wiederholt werden. [...] Die Teilnahme ist für alle Erstsemester des Studienprogramms Pflegemanagement verpflichtend. Die Äquivalenzprüfung umfasst die Module aus den ersten beiden Semestern" (‚ANKOM-Initiative 3' Homepage).

Durch die Zugangsvoraussetzungen und die Äquivalenzprüfung werden die ersten vier Module *Pflegeprozess, Pflegerische Prophylaxen, Patientenorientierung und Pflegeethik* sowie *Lebensaktivitäten und Lebensspanne* pauschal angerechnet. Die Bewertung für diese Module ergibt sich aus der Benotung der vierstündigen Äquivalenzprüfung.

Die ‚ANKOM-Initiative 4' befasst sich mit außerhochschulisch erworbenen Kompetenzen wie folgt: Hier wird neben der Anrechenbarkeit bis zu 50 Prozent unter anderem bestimmt, welche Verfahren bei der Prüfung (mindestens) angewendet werden müssen.

„(3) Außerhalb des Hochschulwesens erworbene Kenntnisse und Fähigkeiten sind bis zu 50 Prozent der Gesamtstudienleistung anzurechnen, wenn sie nach Inhalt und Niveau dem Teil des Studiums gleichwertig sind, der ersetzt werden soll. Dabei ist mindestens eines der folgenden Anrechnungsverfahren zu berücksichtigen:
a. Standardisierte Anrechnung von Aus- und Weiterbildungen für den Regelfall,
b. Individuelle Anrechnung von Qualifikationen aus Aus- und Weiterbildungen,
c. Individuelle Anrechnung von informell erworbenen Kompetenzen" (‚ANKOM-Initiative 4‘, § 6. Abs. 3).

Dies stellt eine klare Ausgestaltung der rechtlichen Vorgaben dar und findet sich daher in der zugrunde gelegten Matrix in der zweiten Kategorie wieder.

Explizit auf Anrechnung fokussiert, sieht das entwickelte Modell der ‚ANKOM-Initiative 5‘ vor,

„[...] dass eine Anrechnung erfolgt, wenn mindestens 75 % der Lehrinhalte direkt übereinstimmen und weitere, an der [außerhochschulische Bildungseinrichtung], aber nicht an der [Name der Hochschule] gelehrte Inhalte, die in sachlichem Zusammenhang mit dem Modul stehen vorhanden sind, so dass die Summe mindestens 90 % des Gesamtgebietes abdeckt. Zudem muss für die Anrechnung das Niveau des Qualifikationsrahmens (Wissen, Verstehen, Können) für deutsche Hochschulabschlüsse bestätigt werden. Nach Inhalt, Umfang, Niveau und Art der Prüfung wurden den Lehrenden der [Name der Hochschule] die an der VWA gelehrten Fächer zunächst schriftlich, nachfolgend von den Lehrenden der [außerhochschulische Bildungseinrichtung] im Rahmen von Dozentenkonferenzen vorgestellt" (‚ANKOM-Initiative 5‘, Homepage).

Über die Rahmen- und Prüfungsordnungen hinaus hat die ‚ANKOM-Initiative 5‘ eigens eine Ordnung über das Verfahren zur Anrechnung von außerhalb des Hochschulwesens erworbenen Kenntnissen und Fähigkeiten erlassen.

Als Zielsetzung wird in § 2 formuliert:

„(1) Ziel dieser Verfahrensordnung ist die Gestaltung der Durchlässigkeit zwischen beruflicher Aus- und Fortbildung und der akademischen Bildung und damit des Prozesses des lebenslangen Lernens" (‚ANKOM-Initiative 5‘, § 2 Abs. 1).

Die Ordnung teilt sich in Regelungen zur individuellen und zur pauschalen Anrechnung. Die individuelle Anrechnung erfolgt dabei auf der Basis der Kenntnisse, Fähigkeiten und Kompetenzen Antragsstellender unabhängig davon, auf welche Art und Weise diese erworben wurden (vgl. ebd., § 3 Abs. 1). Dabei müssen Antragstellende das Verfahren für jedes Modul, für das Anrechnung beantragt wird, einzeln durchlaufen. Im Rahmen dieser Einzelüberprüfungen wird sichergestellt, dass Antragstellende tatsächlich über die in dem Modul geforderten Kenntnisse, Fähigkeiten und Kompetenzen verfügen (vgl. ebd., Abs. 2).

Der genaue Verfahrensablauf für die individuelle Anrechnung ist wie folgt organisiert:

„§ 4 Verfahren der individuellen Anrechnung
(1) Nach der Zulassung zum Studium stellt der Student beim zuständigen Prüfungsausschuss den Antrag auf Anrechnung. Zu dessen Begründung sind authentische Belege über eigene Tätigkeiten und Lernerfahrungen einzureichen.
(2) Der Prüfungsausschuss legt auf der Basis der eingereichten Unterlagen die für eine Anrechnung in Frage kommenden Module fest, entscheidet über die Zulassung zu Anrechnungsprüfungen und die Art der Prüfungsleistung. Er informiert die jeweiligen Modulverantwortlichen und/oder die Prüfer. Für jedes anzurechnende Modul ist eine eigene Anrechnungsprüfung abzulegen.
(3) Die Anrechnungsprüfung besteht pro Modul in der Regel aus einer komplexen Aufgabenstellung. Dem Studierenden werden vorhandene Studienmaterialien bereitgestellt. Die Aufgabenstellung wird vom Studierenden in freier Zeiteinteilung ohne Aufsicht bearbeitet. Alternativ kann auf Beschluss des Prüfungsausschusses eine Teilnahme an den regulären Modulprüfungen erfolgen.
(4) Die Prüfer bewerten die Lösung der komplexen Aufgabe mit einer Note nach dem Notensystem des Studienganges für den die Anrechnung erfolgen soll. Die Anrechnungsprüfung kann nicht wiederholt werden" (ebd., § 4 Abs. 1-4).

Ein interessanter Aspekt besteht darin, dass Studierende bei der Antragstellung nicht festlegen müssen, in welchem Modul Anrechnung beantragt wird. So kann verhindert werden, dass Anrechnungsmöglichkeiten ungenutzt bleiben, da den Antragstellenden die Kenntnis darüber fehlt, auf welche Module eine Anrechnung möglich wäre. Das hier festgelegte Verfahren ist so angelegt, dass der Prüfungsausschuss die für eine Anrechnung relevanten Dokumente sichert und dann entscheidet, auf welche Module eine Anrechnung geprüft werden kann. Anhand einer ‚komplexen Aufgabenstellung' wird die Gleichwertigkeit der Kompetenzen für jedes Modul einzeln überprüft. Das System der pauschalen Anrechnung erfolgt auf der Basis von Ergebnissen, die Antragstellende in Bildungseinrichtungen, insbesondere der beruflichen Aus- und Fortbildung, außerhalb des Hochschulwesens erworben haben (vgl. ebd., § 5 Abs. 1). Voraussetzung dafür, dass eine pauschale Anrechnung stattfinden kann, ist,

„[...] dass die [Name der Hochschule] vertreten durch den Rektor, in Organisation des Fachbereiches, für dessen Studienangebot eine Anrechnung vorgesehen wird, mit der Bildungseinrichtung nach Abs. 1 schriftlich die Grundsätze sowie die wechselseitigen Rechte und Pflichten der Partner zur Schaffung der Voraussetzungen für die Durchführung des Anrechnungsverfahrens vereinbart" (ebd. § 5 Abs. 2).

Demnach ist eine pauschale Anrechnung nur mit Bildungsträgern möglich, mit denen zuvor die Durchführung eines pauschalen Anrechnungsverfahrens vereinbart wurde. Das genaue Verfahren der pauschalen Anrechnung stellt sich wie folgt dar:

„(1) Der pauschalen Anrechnung liegen ein inhaltlicher Vergleich der Bildungsangebote der Partner sowie ein Abgleich der jeweils zu erwerbenden Kompetenzen zugrunde.

(2) Vom Fachbereich ist auf Basis des Curriculums der externen Bildungseinrichtung festzulegen, für welche Module die Anrechnungsfähigkeit zu prüfen ist.

(3) Im Rahmen eines formalen Vergleiches ist unter Bezugnahme auf die jeweilige Modulbeschreibung vom Modulverantwortlichen zu prüfen, in wie weit die Lehrinhalte übereinstimmen. Zusätzlich ist das Niveau des Qualifikationsrahmens für deutsche Hochschulabschlüsse vergleichend zu bestätigen. Im Ergebnis ist dem Prüfungsausschuss das Formular Modulbezogene Anrechnung (Anlage 1) zu übergeben.

(4) Im Rahmen einer Gesamtbetrachtung und Gesamtbewertung über alle anzurechnenden Module entscheidet der Prüfungsausschuss über die Anrechnung von ECTS-Punkten und die Grundlagen der Berechnung der Note. Voraussetzung für die Anrechnung eines Moduls ist, dass mindestens 75 % der Lehrinhalte direkt übereinstimmen und weitere, an der externen Bildungseinrichtung, aber nicht an der WHZ gelehrte Inhalte, die in sachlichem Zusammenhang mit dem Modul stehen vorhanden sind, so dass die Summe mindestens 90 % des Gesamtgebietes abdeckt. Zusätzlich muss für die Anrechnung das Niveau des Qualifikationsrahmens für deutsche Hochschulabschlüsse für das Bildungsangebot der externen Einrichtung bestätigt sein (s. Anlage 1).

(5) Im Ergebnis der pauschalen Anrechnung ist auf Basis der Bestätigungen der Modulverantwortlichen und dem Ergebnis der Prüfung nach Abs. 4 vom Prüfungsausschuss eine Übersicht entsprechend Anlage 2 zu erstellen, die die Entscheidung über die Anrechnung dokumentiert" (ebd., § 6 Abs. 1-5).

Die Vorgaben der direkten Übereinstimmung von mindestens 75 Prozent und weitere im Zusammenhang mit dem Modul stehenden Kompetenzen bis zu einer Gesamtheit von mindestens 90 Prozent machen das Verfahren für Bewerber_innen transparent. Zusätzlich muss den Antragstellenden eine Übersicht ausgestellt werden, welche die Anrechnung dokumentiert. Diese Systematik erscheint, rein aus den gesetzlichen Regelungen der Ordnung hergeleitet, transparent, nachvollziehbar und überprüfbar. Zudem handelt es sich bei dieser Systematik um ein eigens an der Hochschule entwickeltes System zur Anerkennung und Anrechnung außerhochschulisch erworbener Kompetenzen, welches sich, im Rahmen der vergleichenden Fallübersicht, der dritten Kategorie zuordnen lässt. Verankert ist diese Thematik nicht in den Studien- und Prüfungsordnungen, sondern in einer eigens konzipierten Anrechnungsordnung.

Auch im Rahmen einer weiteren ANKOM geförderten Initiative finden sich klare Regelungen für die Anrechnung außerhochschulisch erworbener Kompetenzen.

„Außerhalb des Hochschulsystems erworbene Kenntnisse und Fähigkeiten können bis zur Hälfte der für den Studiengang vorgesehenen ECTS-Punkte angerechnet werden, wenn

1. zum Zeitpunkt der Anrechnung die für den Hochschulzugang geltenden Voraussetzungen erfüllt sind,
2. die auf das Hochschulstudium anzurechnenden Kenntnisse und Fähigkeiten den Studien- und Prüfungsleistungen, die sie ersetzen sollen, nach Inhalt und Niveau gleichwertig sind.

Anrechenbar sind in der Regel nur Kenntnisse und Fähigkeiten, die durch eine Prüfung vor einer Bildungseinrichtung im Sinn des § 31 LHG oder einer für Berufsbildung zuständigen Stelle im Sinn des Berufsbildungsgesetzes nachgewiesen wurden. Satz 2 gilt auch im Hinblick auf Anerkennungen von im Ausland erworbenen beruflichen Qualifikationen und Berufsabschlüssen gemäß den Verordnungen zur Umsetzung der Richtlinie 2005/36/EG des Europäischen Parlaments und des Rates vom 7. September 2005 in der jeweils aktuellen Fassung" (,ANKOM-Initiative 6', § 17 Abs. 5).

Gleichzeitig wird für den Prüfungsausschuss ein Zeitrahmen definiert, innerhalb dessen der Antrag auf Anrechnung bearbeitet und klar beschrieben werden muss, welche Formalitäten bei einem negativen Bescheid zu berücksichtigen sind.

„Der Prüfungsausschuss entscheidet in der Regel innerhalb von vier Wochen über den Antrag. Wird die Anerkennung ganz oder teilweise versagt, so wird dies dem Antragsteller/der Antragstellerin schriftlich unter Angabe der tatsächlichen und rechtlichen Gründe für die Ablehnung mitgeteilt. Der Bescheid muss eine Rechtsmittelbelehrung enthalten. Werden Leistungen angerechnet, so werden von Amts wegen auch die entsprechenden Studienzeiten angerechnet" (ebd., Abs. 9).

Auffallend in diesem Kontext ist die festgeschriebene Vorgehensweise im Sinne eines Zeitrahmens sowie einer formalen Rahmung, innerhalb derer der Prüfungsausschuss den Anrechnungsantrag bearbeiten muss.

5.6 Vergleich der ANKOM-Projekte mit den ausgewählten hessischen Hochschulen

Zwar finden sich bei der Untersuchung der Studien- und Prüfungsordnungen der im Rahmen der ANKOM-Initiative geförderten Projekte einige Besonderheiten, dennoch kann nicht resümiert werden, dass sich die Ordnungen in den ANKOM geförderten Projekten signifikant von den Ordnungen der hessischen Hochschulen unterscheiden. In zehn Fällen können keinerlei Besonderheiten identifiziert werden, die über die Vorgaben der Studien- und Prüfungsordnungen der nicht ANKOM geförderten hessischen Hochschulen hinausgehen. Dies weist darauf hin, dass nicht die Formulierungen in den die Anrechnungsverfahren regelnden

Ordnungen die ausschlaggebenden Faktoren für umfangreiche und innovative Anrechnungsmodelle sind, sondern es vielmehr auf die individuelle Ausgestaltung der rechtlichen Rahmenbedingungen ankommt. Es handelt sich bei der Entwicklung von Anrechnungsverfahren daher vorwiegend um hochschulpolitische als um formal rechtliche Entscheidungen. Zwar können in den Ordnungen manifestierte Formulierungen und bundeslandspezifische rechtliche Vorgaben die Entwicklung eines eigenen Verfahrens zur Anrechnung hochschulisch und außerhochschulisch erworbener Kompetenzen erschweren oder begünstigen, sie sind jedoch nicht der entscheidende Faktor für das Gelingen der Entwicklung eines eigenen Modells. Rückblickend auf die zugrunde gelegten Forschungsfragen

- Lassen sich Modelle und Verfahren in den *Allgemeinen Bestimmungen* und auf der Ebene der Studiengänge in den Studien- und Prüfungsordnungen finden?
- Wenn ja, wie unterscheiden sich diese und können die Ergebnisse zu generalisierten Verfahren abstrahiert werden?

kann festgestellt werden, dass sich in den allgemeinen beziehungsweise fachspezifischen Regelungen durchaus vereinzelt Modelle identifizieren lassen, welche die rechtlichen Rahmenbedingungen erweitern (Stufe 2) beziehungsweise eigene hochschulspezifische Verfahren auf der Grundlage der rechtlichen Rahmenbedingungen entwickeln (Stufe 3). Eine verbreitete Vorgehensweise, auch innerhalb der in der ANKOM-Initiative entwickelten Verfahren, besteht jedoch darin, sich im Rahmen der Studien- und Prüfungsordnungen eng an den rechtlichen Vorgaben zu orientieren und hier relativ unkonkret zu bleiben.

> „(3) Über die Anerkennung von Leistungen des vorangegangenen Studiums oder von an ausländischen Hochschulen erbrachten Studien- und Prüfungsleistungen oder von außerhalb des Hochschulwesens erworbenen Kenntnissen und Fähigkeiten entscheidet der zuständige Prüfungsausschuss" („ANKOM-Initiative 7', § 3 Abs. 3). „Sonstige Kenntnisse und Qualifikationen werden auf Antrag auf der Grundlage vorgelegter Unterlagen angerechnet, sofern sie nicht bereits Voraussetzung für die Zulassung waren" („ANKOM-Initiative 8', § 7 Abs. 3).

Dies eröffnet Möglichkeiten des flexiblen Umgangs in der operativen Umsetzung und sorgt gleichzeitig aber für wenig rechtssichere Verfahrenstransparenz für Antragsstellende. Um ergebnisgesichert zur zweiten Forschungsfrage Stellung nehmen zu können, ist es notwendig, im Rahmen von Expert_inneninterviews, die konkrete Umsetzung der rechtlich meist lose verankerten Verfahren zu erheben. Durch dieses Vorgehen sollen die konkreten Unterschiede der einzelnen Verfahren zueinander herausgearbeitet und eine Einschätzung zur Generalisierung und Abstrahierung auf das Gebiet der wissenschaftlichen Weiterbildung getroffen werden.

6 Interviewerhebung

Im Rahmen der Analyse zu Erfahrungen mit dem Umgang von Anerkennung und Anrechnung außerhochschulisch erworbener Kompetenzen werden insgesamt zehn Expert_inneninterviews an verschiedenen Hochschulen in Deutschland und dem europäischen Ausland geführt. Das Erkenntnisinteresse liegt dabei darauf, die durch die Analysen der Studien- und Prüfungsordnungen sowie der ANKOM-Literatur gewonnenen Ergebnisse mit der Alltagspraxis im Bereich der Anerkennung und Anrechnung außerhochschulisch erworbener Kompetenzen in Zusammenhang zu bringen. Darüber hinaus wird angestrebt, die überwiegend für die grundständige Lehre entwickelten Verfahren zur Anerkennung und Anrechnung außerhochschulisch erworbener Kompetenzen auf das Feld der wissenschaftlichen Weiterbildung zu adaptieren. Dabei sollen mögliche Synergieeffekte herausgearbeitet und auf die Zielgruppe der nicht-traditionellen Studierenden übertragen werden.

Die geführten Interviews werden dazu inhaltsanalytisch ausgewertet und thematisch in folgende vier Schwerpunkte aufgeteilt:

- Positionierung der Hochschule
- Verfahrensweise der Hochschule
- Organisation und Akzeptanz innerhalb der Hochschule
- Vernetzung und Einbettung der Hochschule

Mit der Auswahl der beschriebenen Kategorien sollen alle relevanten Fragen zum Themenfeld von Anerkennung und Anrechnung an Hochschulen abgedeckt werden. Innerhalb dieser Schwerpunktthemen werden spezielle Fragestellungen eingehend diskutiert und erörtert. Über eine engmaschige Codierung können die erhobenen Interviews ausgewertet, hinsichtlich spezieller Aspekte verglichen und eingehend betrachtet werden. Mit der Kategorie *Positionierung der Hochschule* werden die Interviews mit der Frage nach dem Verständnis von den Begriffen *Anerkennung* und *Anrechnung* eingeleitet. Diese Hinführung zum Thema dient dazu, dass im Vorfeld geklärt werden kann, dass sowohl für die interviewte Person, als auch für den Interviewer dasselbe Verständnis der Begrifflichkeiten zugrunde liegt und dieselbe Ausgangsposition eingenommen wird. Mit diesem Einstieg wird ebenfalls abgefragt, wie es zu diesem Verständnis der Begriffe gekommen ist und ob es dazu einen hochschulübergreifenden Konsens gibt. Anschließend werden äußere Rahmenbedingungen betrachtet. Hierzu zählt die

zeitliche Verortung, seit wann sich an der jeweiligen Hochschule mit dem Thema Anerkennung und Anrechnung außerhochschulisch erworbener Kompetenzen eingehend beschäftigt wird, worin sich dies begründet und ob dies eine
Rolle für das Profil der jeweiligen Hochschule spielt.

Die zweite Kategorie *Verfahrensweise der Hochschule* stellt den konkreten
inhaltlichen Einstieg dar. Hier geben die Befragten an, welches Anrechnungsverfahren (pauschal, individuell und/oder kombiniert) am jeweiligen Hochschulstandort zum Einsatz kommt. Anhand der Verfahrensbeschreibung der
Befragten wird die praktische Umsetzung deutlich und mit den nachfolgenden
Fragen eingehend erörtert.

Mit der dritten Kategorie *Organisation und Akzeptanz innerhalb der Hochschule* werden die an dem speziellen Anrechnungsverfahren involvierten Akteur_innen sowie deren Beteiligung an den Prozessen und Abläufen ermittelt.
Daneben wird die Frage nach der Akzeptanz der Anrechnungsthematik sowohl
bei den an den Verfahren Beteiligten als auch an der Hochschule als solches
gestellt. Ebenso wird nach der Notwendigkeit gefragt, die Akzeptanz zu erhöhen
und welche Maßnahmen dazu beitragen können. Im nächsten Schritt erfolgt eine
Bezugnahme auf den durch die Implementierung von Anrechnungsverfahren
entstehenden Arbeitsaufwand und die Verteilung dessen auf die beteiligten
Akteur_innen. Des Weiteren wird die Frage nach den Ressourcen gestellt, die
für die Bearbeitung von Anrechnungsanträgen notwendig sind, da ein erheblicher Ressourcenaufwand vermutet wird. Als letzter Schwerpunkt der dritten
Kategorie wird der Umfang erfasst, in dem die Nutzer_innen die Möglichkeiten
zur Anerkennung und Anrechnung tatsächlich in Anspruch nehmen, um die
Kosten und den Nutzen eines solchen Verfahrens in ein besseres Verhältnis
setzen zu können.

In der letzten und vierten Kategorie *Vernetzung und Einbettung der Hochschule* wird sich vom direkten praktischen Ansatz der jeweiligen Hochschule
wieder gelöst, um weitere relevante Aspekte in Bezug auf die Anrechnungsthematik in den Blick nehmen zu können. Hier wird zunächst eine Bewertung der
rechtlichen Rahmenbedingungen durch die Befragten vorgenommen. Im Anschluss daran erfolgt ein Vergleich der Möglichkeiten zur Anerkennung und
Anrechnung außerhochschulisch erworbener Kompetenzen zwischen Deutschland und Frankreich. Dieser Exkurs über die Landesgrenzen hinaus wird als
sinnvoll erachtet, da Durchlässigkeit und Mobilität im europäischen Bildungssektor eine zunehmend größere Rolle spielen. Durch die direkte Nachbarschaft
Frankreichs zu Deutschland kann davon ausgegangen werden, dass vor allem in
Grenznähe eine erhöhte Fluktuation von Arbeitskräften und/oder Studierenden
zu verzeichnen ist, sodass die Anerkennung und Anrechnung außerhochschulisch erworbener Kompetenzen von umso größerer Bedeutung ist. Der Stellenwert der länderübergreifenden Mobilität findet in geförderten Projekten, wie in
der Großregion Saarland, Luxemburg, Loraine, Rheinland-Pfalz und Wallonien

ihren Ausdruck. Da Netzwerke und Kooperationen in vielen Bereichen vermehrt zum Tragen kommen, widmet sich der nächsten Punkt des Interviews der Frage nach möglichen Kooperationen, die im Zusammenhang mit Anrechnungsverfahren eingegangen wurden. Aufgrund der Tatsache, dass sich die Befragten schon über einen gewissen Zeitraum mit der praktischen Umsetzung von Verfahren zur Anerkennung und Anrechnung beschäftigt haben, wird diskutiert, wo Vorzüge der spezifischen Systeme liegen, aber auch Optimierungspotential vorhanden sein könnte. Nicht zuletzt wird erörtert, ob sich die implementierten Verfahren in unterschiedlichen Hochschulabteilungen[12] einsetzen lassen oder ob sogar ein Transfer auf weitere Hochschulen denkbar ist. Abschließend werden die Befragten um eine generelle Einschätzung ihrerseits zum Thema der wissenschaftlichen Weiterbildung sowie der Thematik von Anerkennung und Anrechnung außerhochschulischer Kompetenzen gebeten.

6.1 Positionierung der Hochschule

Mit der Befragung zu den Themen Zeit, Ziel und Selbstverständnis in Bezug auf Anerkennungs- und Anrechnungspraxis an den Hochschulen zeigt sich, dass ein unterschiedliches Verständnis in Bezug auf die Verwendung von Fachtermini vorliegt und die Thematik höchst unterschiedliche Stellenwerte innerhalb der Hochschulen hat.

6.1.1 Begriffsdefinitionen

Die Begriffe Anerkennung und Anrechnung finden unterschiedliche Verwendungen und sind meist nicht trennscharf im Gebrauch. Die Befragten berichten davon, dass es sich um eine synonyme Verwendung handelt und es meist keine Vorgaben dazu gibt. Hier liegt die Vermutung nahe, dass es keine gängige, allgemeingültige Definition dieser Begriffe gibt und dadurch die vielgestaltige Verwendung dieser zustande kommt.

„Also wir sprechen eigentlich nur von Anrechnung. In einigen Situationen fällt natürlich auch das Wort Anerkennung. Aber eigentlich wäre der Begriff Anrechnung schon der Begriff, mit dem wir auch arbeiten, der auch in der Prüfungsordnung beispielsweise auch genannt wird. Also eigentlich, ja, Anrechnung. Aber wenn Anerkennung benutzt wird, dann also synonym für Anrechnung im Prinzip. Also da un-

---

12 Unter dem Begriff ‚Hochschulabteilung' sind im Folgenden die unterschiedlichen Organisationseinheiten einer Hochschule, wie beispielsweise Fachbereiche, Fakultäten, Departments und hochschulzugehörige Zentren zu verstehen.

terscheiden wir jetzt nicht. Anerkennung würde bei uns nichts anderes bedeuten als Anrechnung" (K4, Abs. 11).

Lediglich in einem Interview wird deutlich gemacht, dass eine synonyme Verwendung der Begriffe nicht korrekt sei. Dabei ist anzumerken, dass sich die befragte Person auf eine Form der Rechtsauslegung beruft, die keine andere interviewte Person anführt. Damit stellt sich die Frage, ob es sich dabei um eine länderspezifische Rechtsauslegung handelt oder die hier befragte Person einen besonders guten Kenntnisstand in Bezug auf die Begriffsdefinitionen aufweist.

> „Das ist falsch, rechtlich falsch. Das ist nicht synonym. Die Anerkennung ist der erste Schritt, der Zweite ist die Anrechnung. Es gibt keine Anrechnung ohne Anerkennung" (K5, Abs. 5).

Die hier thematisierte rechtliche Grundlage spiegelt die Auffassung des diesem Bericht zugrunde gelegten Verständnis' von den Begriffen *Anerkennung* und *Anrechnung* wider (vgl. Kapitel 2.4.2).

Aus den Interviews hat sich ergeben, dass in den meisten der befragten Hochschulen von Anrechnung gesprochen wird. Der Begriff *Anerkennung* wurde nur einmal konkret unterschieden. In der Mehrzahl der Fälle findet eine synonyme Verwendung statt oder es kann nicht begründet werden, warum die Terminologie Anrechnung im Verhältnis zu Anerkennung häufiger genutzt wird.

6.1.2 Anerkennung und Anrechnung – Begriffsfindung

Trotz der unterschiedlichen Verwendung der beiden Begriffe *Anerkennung* und *Anrechnung* besteht bei den Befragten ein eindeutiges Verständnis darüber, was für ein Prozess sich dahinter verbirgt. Dabei ist in der Regel keine Festlegung auf einen bestimmten Begriff erfolgt. Die Begriffswahl ist aus dem Prozess entstanden und hat sich im Laufe der Zeit gefestigt.

> BK4: „Das ist, ja, mehr oder weniger Zufall will ich zwar nicht sagen, aber es gibt jetzt keinen Grund, warum es da keine Abgrenzung zu einem Begriff Anerkennung gibt." IK2: „Es hat sich so ergeben." BK4: „Genau" (K4, Abs. 12-13).
> „Und in dem Kontext, wo es um berufliche Vorqualifizierung geht, treffe ich häufiger auf Anrechnung, kann das aber selbst theoretisch nicht fundieren, warum das so ist, also weil man ja beides nehmen kann" (K7, Abs. 12).

Abgeleitet aus den Antworten der Expert_innen lässt sich vermuten, dass die Befragten zwar die Begrifflichkeiten verschieden verwenden, sich dahinter aber das gleiche Verständnis davon verbirgt, welche Prozesse diese Begriffe beschreiben.

> „Und Anrechnung im engeren Sinne würde ich sagen, ist eher gegeben, wenn man tatsächlich dann schaut, wie kann man passend für einen Studiengang dann auch in die Struktur eines Studiengangs mit übernehmen. Also generell kann man sagen, man erkennt das an als eine gleichwertig erbrachte Leistung" (K1, Abs. 9).

Eine befragte Person bringt die Begriffe in eine Abfolge zueinander. Ihrer Ansicht nach ist einer Anrechnung von Kompetenzen immer eine Anerkennung solcher vorgeschaltet, sodass die Anerkennung als Voraussetzung für eine Anrechnung von Kompetenzen gesehen werden kann. An dieser Stelle muss angemerkt werden, dass es im Zuge dieses Interviews der befragten Person nicht mehr möglich war, die Herkunft dieser Information zu benennen. Von Interesse wäre es, hier zu erörtern, inwiefern es sich bei der Auslegung der Begriffe um ein übertragbares Verständnis handelt oder ob es sich in erster Linie auf eine Definition innerhalb einer Hochschule beschränkt.

> „Grundlage der Anrechnung ist immer eine Gleichwertigkeitsfeststellung im Sinne von Anerkennung. Anerkennung ist die Gleichwertigkeitsfeststellung. Die Anerkennung bezeichnet den Vorgang, mit dem eine außerhalb des Systems, hier außerhalb von Studiengängen der [Hochschule], erworbene externe Qualifikation oder Kompetenz [abgebildet wird]" (K5, Abs. 11).

Die Tatsache, dass die meisten der Befragten keine theoretisch fundierte Definition der Begriffe *Anerkennung* und *Anrechnung* benennen können und die Bedeutung sich im Laufe der Anwendung gefestigt hat, legt die Vermutung nahe, dass sich bisher keine einheitliche Definition im Feld durchsetzen konnte.

6.1.3 Beginn der Anrechnungspraxis und Haltung der Hochschule

Die Befragten geben an, dass mit den 2000er Jahren angefangen wurde, in den verschiedenen Hochschulabteilungen das Thema Anerkennung und Anrechnung in die Praxis zu transferieren. In den meisten Fällen werden als Anlass die Lissabon-Konvention aus dem Jahr 1997 und die sich verändernden gesetzlichen Rahmenbedingungen genannt. Vor allem die Notwendigkeit zum Thema Durchlässigkeit wird von den Interviewpartner_innen als wichtig erachtet und oft als Kernpunkt der Anerkennung und Anrechnung in den Vordergrund gestellt. Die Initiativen auf dem Gebiet sind häufig seitens der Hochschulabteilungen ergriffen worden. Anhand dieser Aussagen lässt sich feststellen, dass der Handlungsdruck von außen zu einer Auseinandersetzung mit dem Thema geführt hat und die Hochschulleitungen in der Regel nicht die treibende Kraft hinter solchen Initiativen sind.

> „Ist es nicht naheliegend, dass man darüber nachdenkt, ob da nicht vielleicht irgendwas für einen Bachelor, einen dreijährigen, schon tauglich ist? Und so kommen wir einfach dazu, dass im Rahmen des Nachholbedarfs, den Deutschland immer noch hat an akademisch qualifizierten Menschen in diesem Beruf, das Thema auf der Hand liegt, sich damit und zu beschäftigen" (K9, Abs. 21).

In Bezug auf die Frage, welche Rolle das Thema Anerkennung und Anrechnung für das Selbstverständnis der jeweiligen Institution spielt, sind die Antworten höchst unterschiedlich. Es zeigt sich deutlich, dass auch innerhalb der Hochschulen, die durch Projektgelder in Bezug auf Anerkennung und Anrechnung gefördert wurden, mitunter große Ablehnung gegenüber der Thematik herrscht. So wird genannt, dass diese Thematik das Selbstverständnis der Institution sogar schädigen könnte, wenn der Eindruck entstünde, dass Studierende mit wenig Aufwand einen Abschluss erzielten.

> „[…] wird eher ungern gesehen aus Angst in den Ruf zu geraten, es würde den Studierenden alles geschenkt" (K10, Abs. 24).

Andere befragte Personen geben an, dass die jeweilige Einrichtung noch nicht soweit sei, dass Anerkennung und Anrechnung in einem Leitbild verankert werden könne. Aber auch Positionen, die diesem Themengebiet mehr Platz einräumen, sind vertreten.

> „Und ich glaube, wir sind auch noch nicht so weit, dass es irgendwie sich in einem Leitbild [verankern lässt]" (K7, Abs. 28).
> „Also die Anrechnung ist ja eine Säule unseres [Name des Profils der Hochschule]. […] und wir haben gesagt, wenn die [Hochschulen des Landes] offen werden sollen, dann müssen wir uns auch mit dem Thema auseinandersetzen […]" (K5, Abs. 23).

Ein wichtiger Aspekt scheint hier die Tatsache zu sein, dass trotz vorhandener Erfahrung mit der praktischen Umsetzung von Verfahren zur Anerkennung und Anrechnung von Kompetenzen Unsicherheit darüber herrscht, inwiefern die jeweilige Hochschule die Bereitschaft zeigt, diese Tatsache mit in ihr Profil aufzunehmen und eine breite Akzeptanz dafür vorhanden ist.

6.2 Verfahrensweise der Hochschule

In den Interviews zeigt sich, dass an den jeweiligen Hochschulstandorten die Verfahrensweisen zur Anerkennung und Anrechnung einerseits sehr differenziert ausgestaltet sind, aber sich andererseits deutliche Parallelen erkennen lassen. Die folgende Darstellung gibt einen Überblick über die angewendeten Systematiken und zeigt ihre Funktion in der Praxis auf.

Bei Betrachtung des formalen Ablaufs der Anrechnungsverfahren auf der Strukturebene wird deutlich, dass sich eine generalisierte Vorgehensweise über die Breite der Verfahren hinweg durchgesetzt hat. Von der Organisationsebene her betrachtet, wenden sich Antragstellende zunächst an Servicestellen, die den Prozess vorbereitet und an die jeweiligen Fachvertretenden zur inhaltlichen Beurteilung weiterleitet. Nach dem Durchlaufen dieses Prozesses wird die inhaltliche Entscheidung zurück an die Servicestellen kommuniziert, die das Ergebnis wiederum an die Antragstellenden rückkoppeln.

„Es muss, also es wird von uns im [Management des Studiengangs] vorbereitet, geht dann an einen Fachvertreter, wird vom Prüfungsausschuss abgezeichnet und landet dann bei uns hier wieder im Prüfungsamt und geht dann an den Studierenden, oder an den Antragsteller zurück" (K4, Abs. 53).

Dieses Verfahren findet sich nahezu bei allen befragten Hochschulen wieder und hat sich in der Praxis bewährt. Bereits an dieser Stelle wird die enge Verzahnung der Verwaltungsebene mit den Fachvertretenden auf professoraler Ebene innerhalb des Anrechnungsverfahrens deutlich. In diesem Prozess werden nun die drei verschiedenen Phasen (Verwaltung – Fachvertretende – Verwaltung) im Einzelnen betrachtet.

In der Phase des Erstkontaktes mit den Antragstellenden bei der Anrechnung außerhochschulisch erworbener Kompetenzen kommt der Verwaltungsebene (Studiengangkoordination, Hochschulabteilungsmanagement etc.) eine besondere Bedeutung zu. Hier sind ein enger Kontakt und ein hoher Beratungsbedarf der Antragstellenden seitens der Verwaltungsmitarbeitenden notwendig. Dies reicht von der Information über den Prozessablauf bis hin zu einer inhaltlichen (Vor-)Prüfung.

„[…] am Anfang steht eigentlich immer so ein Beratungsgespräch mit dem Studierenden oder dem Interessenten, wo man so ein bisschen erst mal sortiert, was hat die Person gemacht, was bringt er an Qualifikationen mit sich und so weiter. Dann werden verschiedene Unterlagen eingereicht. Also Nachweise über Fort-, Weiterbildung, über Studienzeiten, ja, verschiedene Abschlüsse sozusagen, oder eben auch dann Nachweise über eine berufliche Erfahrung, also Tätigkeitsbeschreibung zum Beispiel, eigene Beschreibung darüber, was man in dem Bereich kann und so weiter." IK2: „Oder Arbeitszeugnisse dann wahrscheinlich auch." BK4: „Arbeitszeugnisse, richtig, genau. Damit wir einfach sehen, was bringt diese Person mit sich. Und dann wird eben in so einem zweistufigen Verfahren entschieden, was angerechnet werden kann. Das habe ich hier auch nochmal so ein bisschen aufgeschlüsselt. Also am Anfang eben, dass der Antragsteller das beantragt, verschiedene Nachweise dann einreicht. Dann erfolgt diese erste Prüfung durch das [Management des Studiengangs]. Das heißt, da wird so ein bisschen vorsortiert sozusagen, welche Module können für eine Anrechnung in Frage kommen" (K4, Abs. 23).

Die jeweilige Verwaltungseinheit dient sowohl als Anlaufstelle für Antragstellende als auch als Informationsinstanz zum Ablauf des Verfahrens. Darüber hinaus fungieren die Verwaltungseinheiten als ein erster Filter für eine inhaltliche Prüfung. So soll bereits im Vorfeld verhindert werden, dass unvollständige Anträge oder solche, die keine Aussicht auf einen positiven Bescheid haben, aufwendig durch Fachvertretende geprüft werden. Dadurch kann unnötiger Arbeitsaufwand vermieden und eine spätere Frustration bei Antragstellenden verhindert werden. Gleichzeitig ergibt sich für Antragstellende die Möglichkeit, fehlende oder unvollständige Unterlagen und Nachweise rechtzeitig nachzureichen, um das Verfahren einem gewünschten Ergebnis zuzuführen.

Für ein transparentes, effektives und effizientes Vorgehen ist es notwendig, Verwaltungsmitarbeitende im Bereich der Anerkennung und Anrechnung zu schulen, um so die Akzeptanz für diese Thematik zu erhöhen (vgl. Kapitel 6.3.1).

Während auf Verwaltungsebene überwiegend das Prüfungsamt, ein Student-Service-Center oder das Hochschulabteilungsmanagement die zentralen Akteur_innen des Prozesses sind, findet sich auf professoraler Ebene neben der Bewertung durch die jeweiligen Fachvertretenden der Prüfungsausschuss als zentrales und hoheitliches Entscheidungsgremium wieder.

> „Ja, das ist natürlich relativ umfassend. Das ist zum einen natürlich die Studienbetreuung, wo dann die entsprechende Bewerbungen auflaufen und die das Ganze dann weitergeben muss einerseits an die Programmdirektoren, die wir, ja ich sag mal, die konzeptionelle Gesamtverantwortung haben, prüfen und wir treten dann an die entsprechenden Fachkollegen heran und das Ganze wird dann eben im Prüfungsausschuss entschieden" (K3, Abs. 42).

Dabei fungiert der Prüfungsausschuss gewöhnlich als legitimierendes Entscheidungsgremium und nicht als bewertende Instanz, die sich mit der Gleichwertigkeit der außerhochschulisch erworbenen Kompetenzen inhaltlich beschäftigt. In der Regel werden die Einschätzung und Bewertung der Fachvertretenden durch den Prüfungsausschuss übernommen und abschließend formal beschieden.

„[…] die Entscheidung liegt immer beim Modulverantwortlichen. Der Prüfungsausschuss weist das nur zu und ist dann letztlich zuständig, [...] die Dokumente auszustellen und zu sagen: ‚Ok‘" (K7, Abs. 48).

Eine Hochschule, die sich bereits lange und intensiv mit der Anrechnung außerhochschulisch erworbener Kompetenzen auseinandersetzt, berücksichtigt in ihrem pauschalen Anrechnungskonzept gemachte Erfahrungswerte aus individuellen Verfahren. Dies bringt den Vorteil mit sich, dass personelle Ressourcen geschont werden, indem das gesamte Verfahren auf der Ebene der Hochschulverwaltung abgewickelt werden kann und die Lehrenden nicht weiter in den Prozess eingespannt werden.

> „Es wird ein Antrag auf Anrechnung gestellt. Künftig machen wir also einen Papierantrag, einen formalen. Den muss man dann auch ausfüllen und ankreuzen. Dieser Antrag geht dann an das Studierendensekretariat, wenn es schon eine Entscheidung gibt, dass bestimmte Bildungsgänge pauschal angerechnet werden, würde […] das Studierendensekretariat, […] das dann direkt abhaken" (K5, Abs. 64).

Kann wegen fehlender Erfahrung der Hochschule oder starker Individualität des Antrags kein pauschales Verfahren durchgeführt werden, wird im Organisationsablauf automatisch das individuelle Verfahren initiiert. In dessen Rahmen werden die Unterlagen mit dem Antrag auf Anrechnung an die entsprechende Hochschulabteilung weitergeleitet. An dieser Stelle ist ein weiterer Prozessschritt eingearbeitet, der darauf abzielt, personelle Ressourcen zu schonen. In der Hochschulabteilung hat zunächst der/die Studiendekan_in die Entscheidungshoheit über die Anrechnung.

> „[…] und dort würde dann diese individuelle Anfrage entweder direkt bearbeitet, falls das Sachen sind, die dort gemacht werden können. Ansonsten geht es im Spezialfall an einen Professor, der dann vom Studiendekan beauftragt wird, […] eine Entscheidung zu treffen" (ebd.).

So können eindeutige Fälle auf professoraler Ebene durch eine_n mit dem Prozess vertrauten Studiendekan_in schnell bearbeitet werden. Nur in ‚Spezialfällen‘ wird es notwendig, Fachvertretende zu einer Stellungnahme heranzuziehen. Eine Besonderheit dieses Verfahrens besteht darin, dass der/die Studiendekan_in die letztendliche Entscheidungshoheit über die Anrechnung hat. Das eröffnet die Möglichkeit, die Entscheidung der Fachvertretenden zu revidieren. Dieses Vorgehen begründet sich darin, dass auf diese Weise mit der letztendlichen Entscheidung durch den/die Studiendekan_in ein Regulativ geschaffen wird, das eine unsachgemäße Entscheidung über die Anrechnung nach den Kriterien der Hochschule vermeiden soll.

„Die endgültige Entscheidung hat der Studiendekan, d. h. der kann im Ernstfall nicht im Einvernehmen mit einem Professor entscheiden, damit solche Fälle, wo Professoren keine Akzeptanz haben und generell was ablehnen möchten, dass man da noch einmal Korrektiv hat" (K5, Abs. 64).

Die Einführung dieser Verfahrensweise deutet darauf hin, dass es von Teilen der Lehrenden Vorbehalte gegen die Anerkennung und Anrechnung außerhochschulisch erworbener Kompetenzen gibt. Ein wesentlicher Aspekt bei der Entwicklung und Einführung von Anrechnungsverfahren ist es daher, für eine breite Akzeptanz des Verfahrens Sorge zu tragen. Das reine Erarbeiten und Einführen eines solchen Verfahrens garantiert keine erfolgreiche Umsetzung. Vielmehr muss im Sinne von Organisationsentwicklung das Anrechnungskonzept mit den Stakeholdern aus Verwaltung und Lehre gemeinsam diskutiert und entwickelt werden. Bedenken und Kritik am Konzept müssen aufgegriffen und diskutiert werden.

Wie im ersten Prozessschritt auf der Ebene der Mitarbeitenden kann auch auf der Ebene der Professor_innen festgestellt werden, dass es bedeutsam ist, eine Akzeptanz für das Verfahren herzustellen und gegebenenfalls, wie im Falle der exemplarisch vorgestellten Hochschule, Regulationsmechanismen zu implementieren, die verhindern, dass das Verfahren ausgebremst wird.

Eine andere befragte Person sieht sowohl ein Verfahren für pauschale als auch für individuelle Anrechnung vor. Hier wird insbesondere bei der individuellen Anrechnung deutlich restriktiver vorgegangen. Eine erfolgreiche Anrechnung erfordert das Ablegen einer Anrechnungsprüfung.

„Es gibt eine individuelle Anrechnung. Da ist es aber so, dass alle Möglichkeiten, also alle verschiedenen Bildungsformen, ob jetzt formales Lernen, ob das jetzt ein [Name eines Berufsabschlusses] ist oder ob das ein informelles Lernen im Beruf ist, auf einer Ebene betrachtet werden. Da gibt es keine Unterscheidung. Und derjenige müsste dann, wenn er ein Modul, also [es] wird ja immer in Modulgröße angerechnet, wenn er das angerechnet lassen bekommen möchte, Modulprüfungen ablegen, also eine Anrechnungsprüfung für das Modul" (K7, Abs. 33).

Hintergrund dieser Strategie scheint auch hier die Thematik der Akzeptanz innerhalb der Hochschule zu sein. Es gibt in diesem Prozess *„kein Verfahren, das eine individuelle Anrechnung von einem Abschluss oder einem Zeugnis oder dergleichen ermöglicht [...]" (ebd.)*. Hier wird die Übernahme von Noten außerhochschulischer Bildungsinstitutionen jeglicher Art kategorisch ausgeschlossen, *„sondern er [der Bewerber] muss auf jeden Fall eine Prüfung ablegen"* *(ebd.)*. Auf diese Weise wird sichergestellt, dass die angerechneten Kompetenzen dem Niveau des Studiengangs entsprechen, auf den die Leistungen angerechnet werden. Kritisch ist an dieser Stelle zu hinterfragen, inwiefern dieses Vorgehen der Idee entspricht, außerhochschulisch erworbene Kompetenzen anzurechnen, da die abzulegenden Modulprüfungen dicht an dem orientiert sind, was in dem jeweiligen Modul gelehrt wird und nicht an den Kompetenzen, die die Bewerber_innen außerhalb der Hochschule erworben haben. Fähigkeiten und Fertigkeiten können jedoch auch vorhanden sein, wenn sie sich nicht in dem am Hochschulunterricht vermittelten Stoff exakt abbilden lassen. Dieses Vorgehen der individuellen Anrechnung außerhochschulisch erworbener Kompetenzen erhöht die institutionelle Akzeptanz des Verfahrens, nimmt aber gleichzeitig in Kauf, dass gegebenenfalls vorhandene Fähigkeiten nicht angerechnet werden, da sie nicht Gegenstand der Modulabschlussprüfung sind. Daher ist zu überlegen, Modulprüfungen zu entwerfen, die von Anrechnungskandidat_innen anstelle der Prüfung für ‚normal' Studierende ablegt werden müssen.

Bei der pauschalen Anrechnung hingegen werden an dieser Hochschule vorhandene Noten übernommen. Allerdings bedarf es hier fester Kooperationspartner_innen, bei denen sichergestellt werden kann, dass das Hochschulniveau gewahrt wird.

> „Und es gibt ein zweites Verfahren, wo das eben nicht ist mit dieser Prüfung. Dann muss es aber eine pauschale Anrechnung sein. [...] da muss es eine Kooperationsvereinbarung geben" (K7, Abs. 33).

Über klar definierte Kooperationsverträge wird fixiert, welche Leistungen auf welchen Studiengang der Hochschule angerechnet werden können. In diesem Verfahren kennen die verantwortlichen Akteur_innen an der Hochschule exakt die Vorqualifikationen, über die die Bewerber_innen verfügen. Akzeptanzsteigernd kommt hinzu, *„dass auch Kurse an der [Akademie] auch schon von Dozenten der Hochschule gemacht [werden], um einen gewissen Standard zu sichern und da schon so Zusammenarbeit zu verstärken" (ebd.).* Unter diesen Rahmenbedingungen, der engen Kontrolle von Qualitätssicherung, konnte das Verfahren erfolgreich implementiert werden.

Das eben beschriebene Verfahren der pauschalen Anrechnung durch Kooperationsverträge mit außerhochschulischen Bildungseinrichtungen wird von einer der befragten Expert_innen noch erweitert. In diesem Fall wird nicht eine pauschale Anrechnung einzelner Module angestrebt, sondern ein großer Teil des gesamten Studiums.

> „Also das ist so ein kombiniertes Modell. Die machen praktisch diese Ausbildung zum [Berufsbezeichnung] [Akademie in Name der Stadt] und werden dann hier im vierten oder im sechsten Semester eingruppiert. Also praktisch das, was die vorher gemacht haben, wird angerechnet. Und dann werden die hier ins vierte oder sechste, müsste ich jetzt selbst nochmal nachgucken, Semester einsortiert und machen dann hier eben noch ihren Hochschulabschluss in [Fachdisziplin]" (K7, Abs. 19).

Dieses Verfahren weist eine starke Verzahnung beruflicher und hochschulischer Bildung auf. Grundlage hierfür sind jedoch aufwendige Äquivalenzvergleiche zwischen den außerhochschulischen Bildungsträger_innen und dem Studiengang, auf den die Kompetenzen angerechnet werden sollen.

Eine zielgruppen- und nachhaltigkeitsorientierte Herangehensweise, die im Besonderen für das Feld der wissenschaftlichen Weiterbildung attraktiv erscheint, sieht vor, die Bildungsbiografie der Bewerber_innen als Grundlage für die Entwicklung von Äquivalenzverfahren heranzuziehen. Ein_e Interviewpartner_in vollzieht Gleichwertigkeitsprüfungen mit ausgewählten Bildungseinrichtungen, aus denen potentielle Bewerber_innen zu erwarten sind.

> „[…] um eben zu schauen, wie kann ein solcher Abschluss ganz konkret auf den [Name des Bachelorstudiengangs] angerechnet werden. Das heißt, man hat über die Jahre immer geschaut, welche Qualifikationen bringen die Interessenten mit sich und auch natürlich die Studierenden, die schon im Studiengang studieren. Was sind so die Schlüssel oder die gewöhnlichsten Abschlüsse, die bei uns im Studiengang auch vorkommen und hat dann eben so einen Äquivalenzvergleich gemacht für jeden Abschluss" (K4, Abs. 23).

Dieses Verfahren erscheint besonders für Angebote der wissenschaftlichen Weiterbildung interessant, da die zu erwartenden Zielgruppen eine Anrechnung ihrer Kompetenzen und damit eine Zeiteinsparung auf dem Weg zu einem akademischen Grad in Aussicht gestellt bekommen. Dies könnte eine besondere Motivation darstellen, sich für ein solches Angebot zu entscheiden.

Nachdem die beiden Gruppen der Hochschulverwaltung und der Lehrenden betrachtet wurden, soll noch eine dritte Gruppe in den Blick genommen werden, die im Rahmen der Interviews in der Beschreibung der Anrechnungsmodelle an Bedeutung gewonnen hat. Im Zuge der Beschreibung der Verfahren wird oftmals die Rolle der Antragstellenden in Bezug auf deren Eigenverantwortung für ein Gelingen des Verfahrens thematisiert.

> „Der Teilnehmer oder die Teilnehmerin muss sich den Studiengang, den er oder sie studieren will, genau angucken und muss für sich selbst zunächst zu einer Entscheidung kommen, anhand unserer Modulbeschreibungen kann das sein, dass ich das schon kann" (K9, Abs. 23).

Dann wird von den Antragstellenden erwartet, dass sie *„einen selbstreflektiven Bericht, also quasi wie eine Hausarbeit über ihre Kompetenzen, also durchaus mit Beispielen, [anfertigen]" (ebd.).* Die überwiegende Anzahl der Verfahren, im Besonderen die individuellen Verfahren, welche die deutliche Mehrzahl ausmachen, verlangen von den Antragstellenden umfangreiche Vorarbeiten, eine große Ausdauer und eine hohe Motivation, das Verfahren der Anrechnung bis zum Ende zu verfolgen.

„Real ist es eher so, dass die Leute sich selber angucken, was habe ich für Module zu bringen, wissen, was haben sie für Vorkenntnisse und sagen: ‚Ich würde gerne mir das Modul anrechnen lassen.' Also das ist der wahrscheinlichere Fall" (K7, Abs. 48).

Umso wichtiger erscheint in diesem Kontext eine enge und professionelle Betreuung und Beratung der Antragstellenden durch die Hochschulmitarbeitenden. Gleichzeitig wird in den Verfahren immer wieder die enge Verzahnung zwischen Verwaltung und Lehrpersonal deutlich. Eine gute Kommunikation und eine klare Aufgabenverteilung scheint hier genauso bedeutsam, wie das Vertrauen in die Kompetenz der anderen an dem Prozess beteiligten Akteur_innen. Es kann festgehalten werden, dass bei den bereits bestehenden Verfahren zur Anerkennung und Anrechnung außerhochschulisch erworbener Kompetenzen eine grundsätzlich generalisierbare Struktur zu identifizieren ist, die von Antragstellenden zur Hochschulverwaltung, über die fachlichen Expert_innen, zurück an die Verwaltung und dann wieder an die Antragstellenden reicht. Innerhalb dieser strukturellen Pfeiler weisen die Hochschulen bei der operativen Umsetzung ihrer Verfahren verschiedenste Mechanismen und Ausprägungen auf. Bei der Anrechnung außerhochschulisch erworbener Kompetenzen dominieren die individuellen Verfahren, da sie in der Entwicklung weniger aufwendig sind. Mit wachsenden Erfahrungswerten wird dazu übergegangen, Erkenntnisse aus individuellen Anrechnungskonzepten zu generalisieren und in pauschale Verfahren zu überführen. Dies gelingt bisher meist nur bei formalen Abschlüssen, nicht aber bei beruflich erworbenen non-formalen oder informellen Kompetenzen.

6.3 Organisation und Akzeptanz innerhalb der Hochschule

Innerhalb dieses Themenkomplexes werden die Hochschulen befragt, welche Strukturen und Prozesse im Bereich Anerkennung und Anrechnung außerhochschulisch erworbener Kompetenzen an den jeweiligen Hochschulstandorten existieren. Darüber hinaus wird erörtert, wie die notwendigen Verwaltungsprozesse ablaufen und inwiefern sich bestimmte Gefüge als hinderlich oder, im Gegenteil, als besonders zweckdienlich erweisen.

6.3.1 Organisations- und Verwaltungsstrukturen

Die Verwaltungsprozesse und Abläufe bei der Anrechnung finden bei einer Mehrzahl der Einrichtungen dezentral innerhalb der Hochschulabteilungen statt. Dort sind entsprechende Strukturen und Abläufe etabliert worden, über die in der Regel Zufriedenheit herrscht. Allerdings darf nicht davon ausgegangen werden, dass die funktionierenden Abläufe für eine generell positive Haltung aller beteiligten Akteur_innen oder die gesamte Hochschule stehen. Dies wird im weiteren Verlauf der Interviews an späterer Stelle deutlich (vgl. Kapitel 6.3.2).

> „Also im Moment halte ich ihn [den Ablauf] für einen guten. Weil die Beteiligten einfach so mit einbezogen werden. Also es ist auch ganz gut, dass der Student aktiv werden muss und der Student auch diesen Weg kennt" (K6, Abs. 42).

Daneben haben sich bestimmte Prozesse und Überlegungen als förderlich in der Umsetzung, aber auch in Bezug auf die Haltung zum gesamten Thema innerhalb der Hochschulen erwiesen. Hervorgehoben wird dabei der Aspekt, dass eine Unterstützung für dieses Thema seitens der Hochschulleitung die Akzeptanz innerhalb der jeweiligen Hochschule erhöhe.

> „Und das ist eigentlich zumindest von Hochschulleitungsseite her auch gewollt. Das ist natürlich auch immer gut. Weil wenn man das nicht hätte, wäre es noch schwieriger" (K7, Abs. 54).

So wird auch deutlich, dass in diesem Feld viel Potential liegt und es auch erwünscht ist, dass eben dieses genutzt wird. Dabei ist es ebenfalls von Bedeutung, dass eine Ansprechperson zur Verfügung steht, damit Aufklärung und Transparenz in diesem Bereich gewährleistet werden können.

> „[…] sie brauchen halt für solch ein komplexes Thema wie Anrechnung auch jemanden, der ihnen das aufbereiten kann" (K5, Abs. 48)..

An dieser Stelle wird der Bedarf an qualifiziertem Personal für die erfolgreiche Umsetzung von Anrechnungsverfahren deutlich.

Aber auch die Erfahrung der Lehrenden spielt eine wichtige Rolle. Gerade auf professoraler Ebene seien die Berufserfahrung und der Bezug zu diesem Thema nicht zu unterschätzen. Vor allem die Diskussionen um Anrechnungsentscheidungen in den Gremien setzen eine hohe Kompetenz bei dem Vornehmen von Äquivalenzvergleichen für eine qualitätsgesicherte Anrechnung von außerhochschulisch erworbenen Kompetenzen voraus.

> „[…] in der Regel sind das erfahrene Professoren, die das nicht erst seit gestern machen" (K2, Abs. 59).

Die geschaffenen Prozesse und Strukturen bringen aber nicht nur besonders positive Aspekte mit sich. Denn trotz der zum Teil offenen Haltung seitens der

Hochschulleitung und Verantwortlichen ist eine Abhängigkeit auf Ebene der Lehrenden und der Verantwortlichen der einzelnen Fachrichtungen für die erfolgreiche Umsetzung von Anrechnungsverfahren gegeben. Um aber einen gesamten Prozess nicht an der ablehnenden Haltung einer einzelnen Person scheitern zu lassen, könnte eine Aufklärungskampagne zum Thema Anerkennung und Anrechnung von Kompetenzen an den verschiedenen Hochschulstandorten dazu beitragen, die Akzeptanz in der Breite zu erhöhen. Die skeptische Haltung von notwendigen Akteur_innen im Prozess könnte aus mangelndem Wissen über diese Thematik hervorgehen. Aus der Sorge eine falsche Entscheidung zu treffen, da sich betroffene Personen unzureichend informiert sehen, kann vermutet werden, dass Anrechnungsanträge weniger engagiert bearbeiten werden.

> „Also was hinderlich ist, ist einfach die Einstellung der Modulverantwortlichen. Also wenn ich halt einen Modulverantwortlichen habe, und der hat ja immer die letzte Entscheidungsbefugnis, der da dem Thema nicht offen gegenüber ist, dann habe ich keinerlei Chance, irgendetwas angerechnet zu bekommen" (K7, Abs. 54).

Darüber hinaus wird kritisiert, dass mangelnde Dokumentation zu den Zahlen von Anrechnungsanfragen und -fällen herrscht, die einerseits genehmigt oder andererseits abgelehnt wurden. Aufgrund dieser Tatsache ist es nicht möglich, nachzuvollziehen, wie stark Anrechnung von Personen genutzt wird und aus welchen Gründen Anträge beispielsweise abgelehnt werden. Aber nicht nur für Studierende hat dies Nachteile. Es kann auch keine Aussage darüber getroffen werden, ob bestimmte inhaltlich sehr ähnliche oder sogar gleiche Anfragen zur Anrechnung gestellt werden, um daraus möglicherweise ein pauschales Anrechnungsverfahren zu entwickeln. Auch wenn die Entscheidung, Kompetenzen anzurechnen, bei der individuellen Variante letztendlich die Hoheit der Lehrenden bleibt, könnte eine bessere Dokumentation bei Ablehnung eines Antrags zu einem Rechtfertigungsdruck führen. So könnte zumindest in Bezug auf die Entscheidungsfindung entsprechende Transparenz geschaffen werden.

> „Man kann denjenigen ja nicht dazu bringen. Das ist ja immer seine hoheitliche Lehrtätigkeit[…], das zu entscheiden. Aber man kommt zumindest in so einen Argumentationsdruck auch gegenüber demjenigen, der sich das anrechnen lassen möchte (K7, Abs. 54).

Als hinderliche Komponente wird auch der Faktor Zeit in unterschiedlichen Ausprägungen genannt. Bei Gremien wie Prüfungsausschüssen, die sich mit den Anträgen zur Anrechnung beschäftigen, ist die Entscheidungsfindung abhängig von den jeweiligen Sitzungsterminen. Dies kann zu zeitlichen Verzögerungen führen und somit den gesamten Prozess deutlich verlangsamen. Auch ist es für

Antragstellende ein gewisser Aufwand, die verschiedenen Verantwortlichen im Vorfeld aufzusuchen und Termine zu vereinbaren, wenn keine zentrale Ansprechperson benannt ist. Hier wäre eine denkbare Alternative, eine zentrale Stelle innerhalb einer Organisation einzurichten, die als Anlaufpunkt für Interessierte dient und gleichzeitig die interne Schnittstelle darstellt. Die Möglichkeit der Einrichtung einer solchen Stelle steht allerdings in Abhängigkeit der personellen und finanziellen Mittel, die eine Hochschule zusätzlich aufbringen kann.

„Also an sich stellt diese ‚Tippeltappeltour‘, dass man zu jedem hingehen muss, eine Hürde dar" (K7, Abs. 40).

„Also da kann es teilweise zu Verzögerungen kommen […] nachdem die Anrechnungsempfehlung an den Fachvertreter beziehungsweise an den Prüfungsausschuss gegangen ist, weil das an einer Person hängt" (K4, Abs. 56f).

Eine weitere Ausprägung, bei der Zeit eine Rolle spielt, ist die Prüfung der Anträge als solches. Dies bedeutet immer einen zusätzlichen Aufwand für die Verantwortlichen. Nach Aussage der Befragten ist dies im eigentlichen Sinn kein Problem, stellt aber dennoch eine Hürde für die Akzeptanz dar, sich mit dem Thema Anrechnung zusätzlich zu beschäftigen. Vor allem die in der Regel hohe Auslastung der fachlich Verantwortlichen mindert die Akzeptanz. Der zusätzliche Aufwand wird in der Regel nicht vergütet, wie die Befragten im weiteren Verlauf der Interviews berichten. Weder eine Reduzierung der Arbeitsbelastung an anderer Stelle noch eine finanzielle Vergütung seien vorgesehen. Dies zu verändern, könnte einen Ansatzpunkt darstellen, sich intensiver um das Thema Anerkennung und Anrechnung von Kompetenzen zu bemühen.

„[…], aber jeder zusätzliche Antrag, bei dem man Papier prüfen muss, ist lästig. Die Professoren haben massig zu tun, wir sind gut gefüllt, das ist halt ein Extraaufwand. Das ist kein strukturelles Problem, das liegt in der Natur der Sache. Es gibt mehr so ein Haltungs-, Einstellungs- und Wissensproblem" (K5, Abs. 46).

Daraus resultiert ein weiterer Aspekt, der sich auf die gesamte Thematik negativ auswirkt. An vielen Stellen bestehen seitens der Hochschulen auf unterschiedlichen Ebenen Zweifel daran, dass außerhochschulisch erworbene Kompetenzen dem akademischen Niveau entsprechen können. Deswegen ist es oft schwierig, dass das Thema Anrechnung an den verantwortlichen Stellen Beachtung findet und sich intensiv damit auseinandergesetzt wird. Wie bereits angesprochen, wäre hier Aufklärung diesbezüglich ein wichtiger Schritt.

„Ja, zum Teil ist es frustrierend. […] wenn man motiviert ist […] und dann eben immer nur die Aussage ist: ‚Aus diesen anderen Ausbildungen rechne ich sowieso nichts an. Das ist unter meinem Niveau.' [...] Aber es nützt ja nichts. Und insofern denke ich, man muss es halt immer wieder thematisieren" (K7, Abs. 109).

Mit dieser Problematik sehen sich auch andere Hochschulen konfrontiert. Eine weitere befragte Person gibt an, dass dieses Problem ebenfalls bekannt sei und daraufhin eine Lösungsstrategie entwickelt wurde.

> „Die endgültige Entscheidung hat der Studiendekan, das heißt der kann im Ernstfall nicht im Einvernehmen mit einem Professor entscheiden, damit solche Fälle, wo Professoren keine Akzeptanz haben und generell was ablehnen möchten, dass man da noch einmal ein Korrektiv hat" (K5, Abs. 64).

Weiterhin können an den Hochschulen innerhalb der existierenden Verwaltungsstrukturen in Bezug auf Anerkennung und Anrechnung außerhochschulisch erworbener Kompetenzen verschiedene Problematiken festgestellt werden. Eine Schwierigkeit, die genannt wird, ist das mangelnde einheitliche und hochschulabteilungsübergreifende Vorgehen im Prozess der Anrechnung.

> „Oder da gibt es die verrücktesten Systematiken, die sich der einzelne Hochschuldozent überlegt hat: ‚Da gebe ich immer eine drei.' Oder: ‚Da übernehme ich die Note' Also da gibt es so [...] informelle Regeln, die da irgendwie entstanden sind im Laufe der Zeit" (K7, Abs. 38).

Dieses Problem entsteht nach Aussage der Befragten dadurch, dass innerhalb der einzelnen Hochschulabteilungen das Wissen über bestehende Verordnungen und Vorgaben zu Möglichkeiten im Bereich der Anerkennung und Anrechnung fehlt. Aufgrund dessen wird in diesem Fall angestrebt, bestehende Verordnungen zu novellieren und an aktuelle Bedarfe anzupassen. In einem weiteren Schritt sollen die Hochschulabteilungen über dieses Vorgehen informiert werden, um auf die Existenz entsprechender Verordnungen und Vorgaben intern hinzuweisen. Des Weiteren wird von anderer Stelle berichtet, dass es Unstimmigkeiten bei der Abstimmung darüber gibt, welche Module aus einem Studiengang für eine pauschale Anrechnung in Bezug auf bestimmte Ausbildungen oder Berufe freigegeben werden können.

> „Also das haben wir bei der pauschalen Anrechnung schon in einigen Fällen gehabt, dass sich da einfach die Lehrenden nicht einig waren: Kann dieses Modul jetzt eigentlich in die pauschale Anrechnung [...] gehen oder eben auch nicht" (K4, Abs. 59).

Ebenso kann die Verwaltung der Anträge zu Problemen führen, da die Anträge in bestehende und nicht zwangsweise darauf ausgelegte Systeme integriert werden müssen. Hinzu kommt, dass bereits existierende in der Hochschule fest integrierte Anmeldezeiträume kaum Raum für eine zusätzliche, fristgerechte Prüfung von Anrechnungsanträgen zulassen, da die vorhandenen zeitlichen Abläufe für diesen Mehraufwand nicht ausgelegt sind. Dies führt nicht nur bei den entsprechenden Verantwortlichen zu einer größeren Arbeitsbelastung, sondern es geht damit auch ein erhöhter Zeitdruck bei der Bearbeitung als solches einher. Eine daraus resultierende Konsequenz könnte sein, dass die vom System vorgegebene Umsetzung der Antragsprüfung in ihrer Qualität gemindert wird.

> „Wenn jemand solche exotischen Dinge mitbringt, das lässt sich schwer verwalten. Das ist auch ein richtiges Problem mit der Software, die wir haben und da denke ich und könnte mir vorstellen, dass es Widerstände gibt [...]" (K6, Abs. 46).
> „Also problematisch bei Anerkennungsverfahren sind eigentlich die Fristen, welche Studenten einhalten müssen. [...] Das sind Dinge, die will ich mal sagen, vermeidbare Arbeit schaffen über die logischer Weise nicht die große Begeisterung herrscht" (K6, Abs. 72).

Um diesen Hürden und Problemen zu begegnen, entwickeln die verantwortlichen Akteur_innen in den Hochschulen unterschiedliche Lösungsansätze. Es wird auch daran gearbeitet, dass es möglich wird, formale Kompetenzen ohne eine zusätzliche Prüfung zu benoten und anzurechnen.

> „[...] was wir jetzt gerne ändern würden, dass wir eben auch ein individuelles Verfahren, eine Anrechnung zumindest von formalen Kompetenzen haben, die dann mit einer Note dann so abgeschlossen werden können ohne eine Prüfung [...]" (K7, Abs. 38).

Um dem Misstrauen gegenüber dem Niveau von außerhochschulisch erworbenen Kompetenzen explizit begegnen zu können, wird an Qualitätsstandards bei der Anrechnung gearbeitet oder diese sind mitunter schon eingeführt worden. Das generelle Bestreben zur Einführung solcher Standards ist ein wichtiger Aspekt, der auch in Bezug auf eine Erhöhung der Akzeptanz zu dieser Thematik innerhalb der Hochschulen beitragen könnte. Allerdings ist die Entwicklung solcher qualitätsgesicherten Prozesse in der Regel sehr zeitaufwendig und kostenintensiv, weswegen dieser Prozess nur langsam voranschreitet.

> „Aber was ganz wichtig ist, also wir haben gewisse Qualitätsstandards auch für die Anrechnungen" (K4, Abs. 65).
> „[...] da muss der Abiturient nach dem Abitur ins Studium und studieren und am besten Vollzeit irgendwie nichts nebenbei machen und nur dann ist es akademisch und wird dann, hat irgendwo diesen akademischen Wert. Da ist sicher auch noch Überzeugungsarbeit zu leisten" (K3, Abs. 48).

Aufgrund der vielschichtigen Probleme, die an den jeweiligen Hochschulen auftreten, erwachsen in unterschiedlich starker Ausprägung Widerstände auf verschiedenen Ebenen. Deutlich wird anhand der Aussagen der Befragten, dass vor allem mangelnde Transparenz innerhalb der Prozesse und generell zu wenig Wissen über die Thematik bei den beteiligten Akteur_innen vorliegt. Der geringe Kenntnisstand bezieht sich dabei aber nicht nur auf Aspekte, welche gesetzlichen Rahmenbedingungen vorhanden sind, sondern auch auf die Tatsache, dass der Gruppe der nicht-traditionell Studierenden zu wenig Bedeutung beigemessen wird. Dies kann als eine gravierende Fehleinschätzung interpretiert werden, da in der Zielgruppe der nicht-traditionell Studierenden ein hohes Potential steckt, das genutzt werden muss, um für den Arbeitsmarkt dringend benötigte Fachkräfte auszubilden.

„Ich glaube, dass muss man viel deutlicher an die entsprechenden Stellen kommunizieren […]. […] dieses Thema Durchlässigkeit beziehungsweise auch wirklich dieses Thema mit nicht-traditionellen Studierenden ist ein Thema, was bei erstaunlich vielen Hochschulen noch nicht so richtig angekommen ist und wo auch nicht die entsprechenden Maßnahmen irgendwo vorhanden sind, um das auch richtig umzusetzen" (K4, Abs. 63).

Hier wird die Bedeutung der Forschung und Entwicklung in dem Bereich der Anerkennung und Anrechnung außerhochschulisch erworbener Kompetenzen im Sinne der Durchlässigkeit deutlich. Drittmittelprojekte können hier einen wertvollen Beitrag dazu leisten, den Hochschulen die finanziellen Mittel zur Verfügung zu stellen, sich auf diesem Feld zu orientieren sowie eigene, bedarfsgerechte Verfahren zu entwickeln und zu implementieren.

„Ja, dass man sich überhaupt mit dem Thema auseinandersetzt. Der Gremienweg ist ja dann nur die Implementierung. Aber ich beschäftige mich erst dann mit dem Thema, wo die Akzeptanz erst mal nicht da ist, weil einfach zum Teil das Wissen fehlt" (K5, Abs. 62).

Wie bereits erwähnt, ist die Skepsis gegenüber dem Niveau der außerhochschulisch erworbenen Kompetenzen an vielen Hochschulstandorten noch sehr hoch, sodass die Bereitschaft, sich mit der Anerkennung und Anrechnung außerhochschulisch erworbener Kompetenzen auseinanderzusetzen, meist gering ausfällt. Das schwache Interesse an dieser Thematik wurde bisher zusätzlich durch eine oft gering ausgeprägte Nachfrage verstärkt. Auf Grund der Veränderungen auf gesetzlicher und des Paradigmenwechsels auf politischer Ebene geraten die Hochschulen verstärkt unter Handlungsdruck, sodass sich dadurch eine gesteigerte Bereitschaft bei den beteiligten Akteur_innen erhofft wird, sich dieser Thematik mit größerer Aufmerksamkeit zu widmen. Allerdings wird auch angemerkt, dass die alleinige Veränderung von äußeren Rahmenbedingungen weder automatisch zu einer höheren Akzeptanz dieses Themas führt, noch zu der Bereitschaft, sich mit gesteigertem Interesse Antragstellenden zu widmen.

„[…] da kamen dann durchaus die Nachfragen mit dem DQR und dass doch Meister und Bachelor jetzt auf einer Ebene ist und ob sie nicht gleich in den Master gehen können. […]Die Modelle gibt es. Aber das ist jetzt auch kein Selbstläufer. Aber überhaupt, dass dieses Thema kommt, ist schon mal gut. Also man braucht wirklich diese Leute, die da auch mal diese Fragen stellen durchaus kritisch und so eine Hochschule mal so ein bisschen in Angst und Schrecken versetzt […]" (K7, Abs. 79).

„Nur durch eine papierne Ordnung bewegt sich das Geschäft ja noch nicht. Es sei denn, und das wäre zu hoffen, das jetzt die Professoren, die Gutachter in den [Hochschulabteilungen] vielleicht die vielen Anträge, die sie jetzt haben und einfach nicht bearbeiten oder ablehnen, dass sie die plötzlich jetzt anders anfassen" (K5, Abs. 42).

Durch die bisherigen Aussagen der Befragten zeigt sich, dass die Verzahnung der beteiligten Akteur_innen an Verfahren zur Anerkennung und Anrechnung von großer Bedeutung ist. Die Zusammenarbeit ist dabei auf unterschiedlichen Ebenen zu sehen. Hier sind zu nennen:

- die Verständigung über die Notwendigkeit von Anerkennungs- und Anrechnungsverfahren zur Gewinnung weiterer Zielgruppen, um dem Fachkräftemangel auf dem deutschen und auch europäischen Arbeitsmarkt entgegenzuwirken,
- die Abhängigkeit der Akteur_innen voneinander im Hinblick auf die erfolgreiche Umsetzung eines Verfahrens,
- die Transparenz und Dokumentation einzelner Verfahrensschritte, um Qualität und Niveau von anerkannten und angerechneten Kompetenzen nachvollziehbar darlegen sowie die Rechtssicherheit des Verfahrens garantieren zu können.

Damit die genannten Punkte in der Form umgesetzt werden können, wäre die Frage nach Organisationsentwicklungsprozessen zu stellen. Die Einrichtung zentraler Funktionsstellen, welche die Anträge entgegennehmen, koordinieren, dokumentieren und begleiten, wäre eine Möglichkeit, ressourcenschonender in Bezug auf finanzielle Mittel und den immer wieder genannten Faktor Zeit arbeiten zu können.

6.3.2 Akzeptanz und Akzeptanzerhöhung

Die Akzeptanz hinsichtlich des Themas Anerkennung und Anrechnung außer-hochschulisch erworbener Kompetenzen wird in den Hochschulen und Hoch-schulabteilungen unterschiedlich bewertet. Es zeigt sich, dass es auf professora-ler Ebene durchaus auf Akzeptanz stößt und mitgetragen wird. Im Gegensatz dazu wird aber auch davon berichtet, dass es Kolleg_innen gäbe, die diesem Thema ablehnend gegenüber stünden und auch nicht dazu zu bewegen wären, sich diesem Feld zu öffnen. Aber auch von der positiven Entwicklung wird berichtet, dass sich Anrechnung zu einer Selbstverständlichkeit entwickelt habe und gar nicht mehr hinterfragt würde. Dennoch legen Befragte auch den Um-stand dar, dass Studienprogramme, auf die außerhochschulisch erworbene Kompetenzen angerechnet werden, als Angebote mit geringerem Niveau gelten.

> „Diese Problematiken bestehen bei wenigen Personen immer noch. Aber bei sehr wenigen. Aber bei denen bestanden sie von Anfang an und werden auch weiter be-stehen" (K9, Abs. 41).
> „Da hängt uns sicher ein bisschen was nach, dass manche Weiterbildungsmaster so ein bisschen als ‚Master 2. Klasse' gesehen werden" (K8, Abs. 33).
> „Also es wird, ich würde mal so sagen, es wird nicht mehr darüber geredet. Es ist selbstverständlich" (K9, Abs. 45).

In Bezug auf die Implementierung von Verfahren zur Anrechnung wird berich-tet, dass es durchaus Skepsis und Zweifel gab, die anhand von Überzeugungsar-beit ausgeräumt werden mussten. Allerdings wird die anfängliche Ablehnung hier nicht in den direkten Zusammenhang der Thematik gebracht, sondern all-gemein bezogen auf die Einführung und Umsetzung von etwas Neuem. Den-noch kann hinterfragt werden, inwiefern die Zurückhaltung der Beteiligten in Bezug auf die Anrechnungsthematik auf eine oft zum Tragen kommende Ab-lehnung gegenüber Neuem zurückzuführen ist, oder diese verstärkt wird durch das oft kritisch gesehene Thema als solches.

> „Am Anfang gibt es ja immer, das sind so klassische Vorgehensweisen, wenn man Dinge ändert oder adaptiert, oder Dinge, die vielleicht eh so gelebt wurden vom Großteil des Hauses, dann formalisiert und so hieß es, dann gibt es immer mal ein Aufruhr" (K8, Abs. 75).

Die Akzeptanz von Anerkennung und Anrechnung außerhochschulisch erwor-bener Kompetenzen schlägt sich in der Praxis in Zahlen ganz unterschiedlich nieder. Es liegt dabei der Schluss nahe, dass an den Einrichtungen, in denen prinzipiell eine höhere Akzeptanz herrscht, auch numerisch eine höhere Zahl von Anrechnungsfällen zu verzeichnen ist. Es ist anzunehmen, dass sich dies darin begründet, dass Hochschulen, in denen die Akzeptanz für ein solches

Verfahren größer ist, auch offensiver damit in der Öffentlichkeit in Erscheinung treten oder sogar mit einem solchen Verfahren um Studierende werben. Als verstärkender Faktor kann angenommen werden, dass eine hohe Verfahrensakzeptanz auch zu einer wohlwollenden Haltung der Lehrenden bei der Prüfung der Anträge führt. Eine skeptische Haltung einem Anrechnungsverfahren gegenüber könnte hingegen dazu führen, dass Anträge häufiger negativ beschieden werden.

„[…] also es gibt ungefähr ein Drittel der Fakultäten, wo ich sagen würde, eher negativ, wo dann eben die Aussage ist: ‚Also berufliche Qualifikationen kann man grundsätzlich nicht anerkennen', oder halt ganz wenig […]" (K7, Abs. 64).
„Die ist hoch, auf jeden Fall, wobei man sagen muss hier [Hochschulabteilung] […] bei uns wirklich sehr hoch, an der Hochschule […] jetzt allgemein gesprochen[…] etwas geringer" (K4, Abs. 73).

Da die Problematik der mangelnden Akzeptanz an sehr vielen Hochschulstandorten bekannt ist, wird auf unterschiedliche Weise versucht, eine Akzeptanzerhöhung zu erreichen. Die Gespräche mit der Professorenschaft spielen dabei eine wichtige Rolle. Der direkte Kontakt zu den jeweiligen Akteur_innen sowie der fachliche Austausch zu dem Thema werden ebenfalls als Aufklärungsarbeit zum Schließen von Wissenslücken angesehen. Dadurch soll das Thema transparent gemacht werden, um so verdeutlichen zu können, was genau sich dahinter verbirgt und welche Vorteile es (auch für den Hochschulstandort) bieten kann.

„In unendlich vielen Arbeitsgruppen, Fachbereichsratssitzungen, Einzelkollegengesprächen und das ging damit los, dass […] wir die Kolleginnen und Kollegen erst mal dazu bringen mussten, für ihre Module, die sie verantworten, neben der normalen Modulbeschreibung, die ja Gegenstand der Akkreditierung ist, einen sogenannten Kompetenzstandard zu schreiben[…]" (K9, Abs. 53).
„Durch das Wissen Argumente herbeischaffen. Fachliche Argumente und dann gehe ich davon aus, dass die Professoren und die Zuständigen in der Regel schon fachlichen Argumenten zugänglich sind. Die müssen sie vertreten, gegebenenfalls vehement vertreten und dafür stehen. […] Und man darf auch nie den Eindruck vermitteln, es müsste jetzt alles angerechnet werden, was beantragt wird. Darum geht es ja nicht" (K5, Abs. 50).

Bei den Gesprächen werden aber auch Professor_innen als Schnittstellen zwischen Verwaltung und Hochschulleitung als wichtig beschrieben. Dabei wird die Steuerungswirkung ausgehend von der professoralen Ebene durch Weisungsbefugnisse auf weitere am Verfahren beteiligte Akteur_innen betont. Auf diese Weise können vorhandene Strukturen genutzt werden, um verstärkt in die Hochschule zu wirken. So liegt die Vermutung nahe, dass ein durch interne Hierarchien hervorgerufener Handlungsdruck sich positiv dahingehend auswirken kann, dass Prozesse angestoßen werden. Allerdings bleibt die Frage offen, inwiefern dieser Druck zu einer erhöhten Akzeptanz der Thematik generell führt.

„Die Akzeptanz ist natürlich, glaube ich, erst mal bei den Studiendekanen zu finden. [...] Wenn man es da hat, hat man einen großen Schritt gewonnen. Denn die werden dann [...] auch Professoren aussuchen als Gutachter, wo sie wissen, da ist bisschen die Tür offen und man kann langsam in die Organisation steuern" (K5, Abs. 56).

Neben den Gesprächen und Diskursen bezüglich dieses Themas wird aber auch die Projektarbeit besonders hervorgehoben. Dies erklären die Befragten damit, dass im Rahmen von entsprechenden Projekten von Beginn an ein Grundinteresse vorliege und damit auch eine gewisse Offenheit und Akzeptanz einherginge. Es kann vermutet werden, dass Projekte zum Thema Anerkennung und Anrechnung von außerhochschulisch erworbenen Kompetenzen auch entsprechend finanziert beziehungsweise gefördert sind und so die notwendigen Ressourcen seitens der Hochschulen über Drittmittel bereitgestellt werden können, um eine intensive Auseinandersetzung mit dem Thema zu ermöglichen.

„Ich denke, das Beste sind erfolgreiche Pilotprojekte. Also tatsächlich, dass eine Anerkennung gemacht wird und erfolgreich läuft und das öffnet sicher die Türen für weitere Projekte [...]" (K3, Abs. 50).
„[...] in diesen Projekten ist natürlich so eine gewisse Akzeptanz und Interesse an dem Thema. Das hilft uns sehr. Dann versuchen wir aus solchen Projekten auch in benachbarte Bereiche so einen Gedanken aufzubauen und weiterzuarbeiten. [...] Über Projekte und über Rahmensetzung fundiert das langsam" (K5, Abs. 56).

Die Bemühungen an den Hochschulen, mehr Akzeptanz für das Thema der Anerkennung und Anrechnung außerhochschulisch erworbener Kompetenzen zu gewinnen, sind an vielen Hochschulstandorten gegeben. Aus den Aussagen der Befragten kann geschlussfolgert werden, dass vor allem Informationsstrukturen zu diesem Thema notwendig sind. Hier kann die Überlegung angestellt werden, ob einer Entwicklung und Implementierung von Anerkennungs- und Anrechnungsverfahren eine groß angelegte Informationskampagne vorgeschaltet werden sollte.

6.3.3 Arbeitsaufwand und Kosten

Wie im Vorfeld schon mehrfach deutlich wurde, bringen Anrechnungsprozesse einen hohen Arbeitsaufwand mit sich. Die Befragten berichten, dass es sich als problematisch erweist, dass die Professorenschaft die Begutachtungen in ihr

bereits bestehendes Arbeitspensum integrieren muss, aber im Gegensatz dazu
keine Reduzierungen an anderer Stelle bekommt. Es lässt sich vermuten, dass
auf Grund dieser Tatsache die Akzeptanz bei Professor_innen dadurch von
vornherein geringer ausgeprägt ist.

> „Der Arbeitsaufwand und der wird ja in nichts abgeglichen. […] aber bei uns ist es
> so, dass wir überhaupt durch den Bologna-Prozess am Anschlag sind und sowas al-
> les, was dann da noch eingeht, das wird […] in keiner Lehrverpflichtungsform, in
> nichts, berücksichtigt" (K9, Abs. 31).
> „Ja nun, Prüfungswesen gehört zu den Dienstaufgaben der Professoren laut Gesetz.
> Wenn das Prüfungsgeschäft so was jetzt politisch eben auch mit einschließt, muss
> das eben erledigt werden" (K5, Abs. 70).

Der entstehende Arbeitsaufwand und die damit verbundenen Aufgaben werden
in der Regel in bestehende Strukturen integriert oder in bestimmte Stellenbe-
schreibungen mit aufgenommen, wodurch die finanziellen Mittel von den Hochschulen aufgebracht werden müssen.

> „Wenn jemand eingeschrieben ist, sind wir der Auffassung, dass das eine Verwal-
> tungsaufgabe ist, dass wir dafür kein Extrageld nehmen können. […] Die, die vor-
> her anfragen, bekommen natürlich eine begründete Prognose über die Anrech-
> nungsfähigkeit" (K5, Abs. 76).

Es gibt aber auch die Hochschulen, die die Anrechnung als eine Dienstleistung
betrachten, die sie auch für Studieninteressierte erbringen. Dies bedeutet eine
zusätzliche finanzielle Belastung, da von den ausschließlich Interessierten aktuell in der Regel keine Verwaltungs-, Studien- oder ähnliche Gebühren verlangt
werden, die den Arbeitsaufwand der Prüfung der Anträge finanzieren.

> „Es gibt da allerdings immer wieder Diskussionen, Überlegungen, inwiefern man
> eine kleine Gebühr einführen sollte für Interessierte […], um einfach diese Haltung
> zu vermeiden, dass jemand teilweise sehr umfangreiche Unterlagen prüfen lässt
> […] und am Ende vielleicht diese Person sich gegen das Studium bei uns entschei-
> det" (K4, Abs. 47).

Darüber hinaus ist in diese Überlegungen mit einbezogen, dass Studieninteressierten bei der Aufnahme des Studiums Gebühren, die im Vorfeld zur Überprüfung von Anrechnungsmöglichkeiten entrichtet wurden, mit den dann fälligen
Teilnehmendenentgelten verrechnet werden. Dadurch soll sichergestellt werden,
dass einerseits dieser Service für Studierende aufrechterhalten werden kann,
ohne dass andererseits die Kosten für die Prüfung bei der Hochschule verblei-
ben, falls sich Anrechnungsbewerber_innen gegen die Aufnahme eines Studiums entscheiden.

Der Umgang mit den für die Hochschulen entstehenden Kosten ist also unterschiedlich. Dennoch kann gesagt werden, dass ein generelles Interesse daran besteht, dass den Antragstellenden für die Anerkennung und Anrechnung keine zusätzlichen Kosten entstehen. Es ist zu vermuten, dass so der Attraktivitätswert von Anerkennung und Anrechnung erhöht werden soll.

6.3.4 Anzahl der Nutzenden

Durch die Befragung wird deutlich, dass die Möglichkeit, sich außerhochschulisch erworbene Kompetenzen anrechnen zu lassen, in der Praxis an den meisten Hochschulstandorten noch wenig genutzt wird. Allerdings zeigt sich dennoch, dass es sehr wohl Einrichtungen gibt, in denen je nach Studienangebot bis zu einem Drittel der Teilnehmenden Teile eines Studiums angerechnet bekommen. Auf Grund dieser divergierenden Zahlen kann die Frage gestellt werden, worin die Ursachen für diese Bandbreite liegen. Als eine mögliche Begründung dafür gibt eine befragte Person an, dass die Hochschule diese Thematik sehr wenig öffentlichkeitswirksam präsentiert und behandelt.

„Also wenn wir das jetzt sehen, im großen Sinne würde ich jetzt sagen, sind 30 Prozent schätzungsweise, 30 bis 35 Prozent. Das kommt sehr auf das Programm an" (K8, Abs. 95).
„Also auch das ist die Erfahrung, die wir jetzt in unserem eigenen Programm gemacht haben, dass wir nicht überrannt werden" (K3, Abs. 52).
„Also ich glaube, eine direkte Information an die Studierenden ergeht in den seltensten Fällen. […] eher vielleicht erst mal so eine Haltung: ‚Wir machen sie nicht darauf aufmerksam' oder so, dass es diese Möglichkeit gibt" (K7, Abs. 71).

Die Bewertung dieser Zahlen fällt bei den Befragten höchst unterschiedlich aus. Dabei lassen sich verschiedene Haltungen herausarbeiten, zunächst diejenigen, deren Erwartungen nicht erfüllt wurden und die daran interessiert sind, die Zahl der Antragstellenden nach Möglichkeit auszubauen.

„Also von daher hätten wir uns mehr erhofft, weil wir haben viele, viele Teilnehmer in den Weiterbildungsprogrammen und wir hätten eigentlich damit gerechnet, dass irgendwo noch mehr akademisch anschließen wollen […]" (K3, Abs. 86).
„[…] ist da jetzt auf jeden Fall unser Anliegen, da mehr Informationen eben auf die Homepage zu bringen. […] Und wir wollen irgendwie hinkriegen, dass die schon beim Beratungsgespräch die Informationen zum Thema Anrechnung kriegen" (K7, Abs. 72).
„[…] wir sind auf gar keinen Fall bei dem Punkt, wo wir sagen: ‚Nein, es reicht uns eigentlich so, das ist zu viel', sondern wir wollen das natürlich weiter fördern" (K4, Abs. 79).

Daneben steht die Haltung derjenigen, die mit ihrer Auslastung zufrieden sind oder sich nicht in der Lage sehen, eine größere Zahl von Anträgen zu bearbeiten. Begründet wird dies zum einen mit dem Mangel an der Ressource Zeit. Wie bereits mehrfach deutlich wurde, gelingt es vielen Hochschulen nur mit großer Mühe, den zeitlichen Mehraufwand, den die Bearbeitung der Anträge mit sich bringt, in ihren bestehenden Strukturen zu integrieren. Zum anderen beeinflusst die ebenfalls mehrfach zur Sprache gekommene Sorge um einen möglichen Niveauverlust die Diskussion um den Ausbau und die Entwicklung von Möglichkeiten zur Anerkennung und Anrechnung außerhochschulisch erworbener Kompetenzen.

> „Es könnten mehr sein, wenn man es noch offensiver bewerben würde. Also Leute dazu auffordern würde, dass zu tun. Und das tun wir nicht aus dieser genannten Zeitnot" (K9, Abs. 64).
> „Wenn jemand mit gleichwertigen Kompetenzen kommt, dann soll es angerechnet werden. Aber die Anrechnung ist kein Selbstzweck. Wir wollen nicht unsere ganzen Produkte auf Anrechnungsfähigkeit hin umstrukturieren" (K5, Abs. 87).

Es wird ersichtlich, dass sich viele Hochschulen in dem Dilemma befinden, dem Thema der Anerkennung und Anrechnung außerhochschulisch erworbener Kompetenzen mehr Bedeutung beimessen zu wollen, aber aus unterschiedlichen Gründen nicht dazu in der Lage sind. Hier könnten die individuellen Rahmenbedingungen an den jeweiligen Hochschulen eine wichtige Rolle spielen, Konzepte zu erstellen, mit denen es gelingt, dem Thema der Anerkennung und Anrechnung mehr Aufmerksamkeit zu widmen.

6.4 Vernetzung und Einbettung der Hochschule

Zunächst soll an dieser Stelle eine Bewertung der geltenden Rechtsvorschriften in Bezug auf Anerkennung und Anrechnung vorgenommen werden, da diese den Handlungsspielraum auf dem beforschten Feld strukturieren. Um diese Rechtsvorgaben besser in einen Gesamtkontext einzuordnen, werden sie am Beispiel von Frankreich in einen internationalen Bezug gesetzt. Zur Vernetzung von Verfahren der Anerkennung und Anrechnung außerhochschulisch erworbener Kompetenzen gehört auch der Blick auf externe Kooperationspartner_innen, welcher im Rahmen dieses Kapitels vollzogen wird. Neben einer Einschätzung besonderer Stärken und Optimierungspotentiale der eigenen Verfahren wird eine Einschätzung der Übertragbarkeit auf andere Hochschulen abgefragt. Abgeschlossen wird dieser thematische Block durch eine Einschätzung der Expert_innen zu der Bedeutung der Thematik und einer Prognose über die zukünftigen Entwicklungen in diesem Feld.

6.4.1 Bewertung der rechtlichen Vorgaben

Eine große Mehrheit der Befragten empfindet die zum Zeitpunkt der Interviewführung geltenden rechtlichen Rahmenbedingungen als genügend.

> „Das ist jetzt schon ein paar Jahre her und dann haben wir aufgehört uns darüber Gedanken zu machen und insofern, denke ich, sind die Regelungen ausreichend" (K9, Abs. 69).
> „Mir würde da im Moment nichts einfallen, was da nachzuziehen hätte" (K6, Abs. 74).

Trotz der länderspezifischen Unterschiede in der Ausgestaltung der jeweiligen Hochschulgesetze finden sich nur vereinzelt Kritikpunkte beziehungsweise Optimierungsvorschläge für die geltende Rechtslage. Es besteht in Einzelfällen die Sorge, dass die Entwicklung innovativer Verfahren durch eine Änderung der rechtlichen Rahmenbedingungen gehemmt würde. Des Weiteren wird befürchtet, dass beispielsweise ein aufwendig entwickeltes System neuen gesetzlichen Vorgaben nicht mehr Stand halten könnte.

> „[…] Die rechtlichen Vorgaben sind auch eben nicht so klar. Auch was die Masterprogramme betrifft sagt das [Hochschulgesetz des Landes], es dürfen Teilnehmer ohne ersten akademischen Abschluss zugelassen werden, die eine entsprechende Ausbildung haben. Einen Kenntnisstand nachweisen, ja, denen dann nachzuweisen, das kann sehr aufwendig sein, weil das Bachelorprogramm ist natürlich sehr umfassend und da entsprechende Prüfungsstrukturen, Anerkennungsstrukturen zu entwickeln, ja ist aufwendig und man möchte natürlich nicht, dass es am Ende heißt, man lässt Teilnehmer nicht rein, die irgendwo nicht qualifiziert sind" (K3, Abs. 92).

Positiv hingegen wird ein Landesgesetz hervorgehoben, welches die Hochschulen nachdrücklich dazu anhält, Konzepte zu Verfahren der Anerkennung und Anrechnung außerhochschulisch erworbener Kompetenzen zu entwickeln. Die rechtliche Vorgabe hat die Hochschulen dazu gezwungen, sich auf strategischer Ebene mit dem Thema der Anrechnung außerhochschulisch erworbener Kompetenzen auseinander zu setzen. Dadurch, dass es sich hierbei nicht um Empfehlungen, sondern um einen integralen Bestandteil des Hochschulgesetzes des Landes handelt, wurde dieser Prozess angestoßen.

> „Also bei uns hat das wirklich einen gewissen Schub gegeben, dass wir im Gesetz dazu verpflichtet waren, für Anerkennung und Anrechnung Voraussetzungen in der Prüfungsordnung zu schaffen" (K5, Abs. 60).

Der „Druck von außen" (ebd.) sei bei der Entwicklung solcher Verfahren essentiell gewesen.

Es gibt demnach vereinzelt Akteur_innen, die sehr zufrieden mit den Rahmenbedingungen sind, Interviewpartner_innen, die Verbesserungsbedarf sehen, und eine große Gruppe, welche den Rahmenbedingungen neutral gegenübersteht.

Zusammenfassend kann festgehalten werden, dass die Expert_innen auf dem Gebiet der Anerkennung und Anrechnung außerhochschulisch erworbener Kompetenzen mit den zugrunde liegenden rechtlichen Rahmenbedingungen einverstanden sind beziehungsweise diese neutral beurteilen. Vielmehr scheint es angebracht, die rechtlichen Möglichkeiten durch die Entwicklung konkreter Anrechnungskonzepte besser zu nutzen.

6.4.2 Anerkennung und Anrechnung im europäischen Ausland

Wie bereits einleitend erwähnt, sind die Durchlässigkeit und Flexibilisierung im Bildungssektor in Zeiten zunehmender Mobilität in Europa vor dem Hintergrund des bestehenden Fachkräftemangels in Deutschland von zentraler Bedeutung. Nicht nur im Bundesgebiet ist es als Herausforderung zu sehen, die Anerkennung und Anrechnung außerhochschulisch erworbener Kompetenzen zu ermöglichen, sondern über die Grenzen Deutschlands hinaus. Aus diesem Grund wurde der intensive Austausch mit Kolleg_innen in Frankreich gesucht, um das dortige Prozedere kennenzulernen. Aufgrund der Tatsache, dass die französische Verfahrensweise in der Praxis deutlich liberaler aufgestellt ist, wurde den Befragten diese in ihren Eckdaten erklärt (vgl. Kapitel 4.2.4).

Gebeten um ihre Einschätzung zum französischen System der Anerkennung und Anrechnung außerhochschulisch erworbener Kompetenzen, bis hin zum Erwerb eines Hochschulabschluss', ohne einen Leistungsnachweis an der Hochschule erbracht zu haben, äußern sich die befragten Expert_innen überwiegend kritisch. So wird eine mangelnde Akzeptanz für ein solches System prognostiziert.

„Also ich glaube, das würde hier keine Akzeptanz finden" (K9, Abs. 77).

Dabei wird die Akzeptanz nicht nur seitens der Hochschulen als kritisch eingeschätzt, sondern „auch nicht von der Seite der beruflichen Bildung [gesehen] [...]" (K5, Abs. 96).

Die mangelnde Akzeptanz für die Adaptierung eines solchen Anrechnungssystems begründet sich stark aus der Sorge darum, dass die Techniken des wissenschaftlichen Arbeitens nicht vermittelt werden „die ein Hochschulabschluss für mich auch beinhalten sollte" [K6, Abs. 83]. Zudem wird infrage gestellt, dass eine Einzelperson oder eine kleine Gruppe von Fachleuten (zum Beispiel in Gestalt eines Prüfungsausschusses) in der Lage ist „über sehr, sehr viele Fächer *zu entscheiden"* (K4, Abs. 85). So würden gegebenenfalls akademische Abschlüsse vergeben, ohne dass sichergestellt ist, dass die notwendigen Kompetenzen auch wirklich nachgewiesen werden können. Gleichzeitig wird auch eine Abwertung des in Deutschland über Jahrzehnte erprobten Systems der beruflichen Bildung befürchtet. Die Akzeptanz für ein solches System sei hierzulande auch nicht gegeben, weil selbiges der pauschalen Anrechnung von ganzen Studiengängen *„ja suggeriert, dass in der beruflichen Bildung keine vernünftigen Abschlüsse und Kompetenzen zu erwerben sind und man unbedingt diese Bachelor und Master braucht, um ein vollwertiger Mensch zu sein"* (K5, Abs. 95). Hauptsächlich wird sich jedoch um das Niveau der Hochschulabschlüsse gesorgt. Die Befragten erwarten, *„dann schon den Abschluss Master oder Bachelor doch Leuten an die Hand zu geben, die auch in diesem System groß geworden sind"* (ebd.). Es scheint ein Bedarf seitens der Hochschulen darin zu bestehen, dass die Absolvent_innen in der Hochschule sozialisiert werden. Das reine Erbringen von geforderten Leistungsnachweisen sei nicht ausreichend, um einen akademischen Grad verliehen zu bekommen. Diese seien nur ein *„Hilfsprodukt"* (K3, Abs. 100) und man dürfe *„auch dieses Studium an der Hochschule selber nicht unterschätzen"* (ebd.). Der Ursprung der von den Expert_innen formulierten Bedenken scheint in der Angst der Entwertung akademischer Abschlüsse begründet.

> „Wenn es in Deutschland so etwas geben würde, also ich sehe da so die Gefahr der Qualität der Abschlüsse irgendwo" (K4, Abs. 85).

Bei Hochschulen, die Angebote der wissenschaftlichen Weiterbildung in ihrem Portfolio anbieten, wird zudem deutlich, dass die pauschale Anrechnung ganzer Studienprogramme, verbunden mit der Vergabe gleichwertiger Hochschulabschlüsse, die Zielgruppe der wissenschaftlichen Weiterbildung verkleinern könnte.

> „Und ich kann mir vorstellen, dass das zu einer riesengroßen Diskussion führen würde, so was in Deutschland auch einzuführen. Natürlich wäre das für uns auch wahrscheinlich eine sehr große, ich wollte sagen Konkurrenz, aber natürlich etwas, wo wir wirklich sehen müssten, wie kann man dagegen steuern, dass trotzdem unsere Studierenden sozusagen nicht wegbrechen" (K4, Abs. 85).

Es besteht demnach die Befürchtung, durch die Einführung eines pauschalen Anrechnungssystems ganzer Studienprogramme die eigene Zielgruppe zu verkleinern. Viele Beweggründe, einen Weiterbildungsmaster zu studieren, sobald der Titel auch über Anrechnung der bisher im Leben erworbenen Kompetenzen verliehen werden kann, würden gegebenenfalls wegfallen. Des Weiteren würde eine pauschale Anrechnung ganzer Studiengänge den bisherigen Erfahrungen

widersprechen, nach denen auch Bewerber_innen mit Jahrzehnte langer Berufserfahrung nur kleine Teile eines Studiums angerechnet bekommen.

> „[…] wir prüfen sehr viele, Anrechnungsanträge auf Masterniveau, wo viele Stu-
> dierenden auch wirklich seit zehn, fünfzehn, zwanzig Jahren berufstätig sind, auch
> verschiedene Qualifikationen mit sich bringen. Und am Schluss werden vielleicht
> so maximal fünf bis sieben Module angerechnet" (K4, Abs. 85).

Insgesamt wird auch die Sinnhaftigkeit infrage gestellt, im Leben erlangte
Kompetenzen auf einem Zeugnis zu dokumentieren. Unbestritten ist, dass Menschen über ihre Berufsbiografie hinweg sowie im privaten Bereich, beispielsweise durch zivilgesellschaftliches Engagement, Kompetenzen sammeln. *„Ob
man die dann alle irgendwo auf einem Zeugnis vereint haben muss"* (K6, Abs.
83), wird hingegen infrage gestellt.

Trotz aller Kritik an dem Verfahren gibt es vereinzelt Ideen, wie sich in
Deutschland ein vermittelbares Konzept der Anrechnung außerhochschulisch
erworbener Kompetenzen bis zur Vergabe eines Abschlusses implementieren
ließe.

> „Also was natürlich höchstens denkbar wäre, wenn man dann entsprechende Prü-
> fungen noch mal etabliert, die solche Teilnehmer dann an der Hochschule durchlau-
> fen müssen, die den Prüfungen entsprechen, die die eigenen Studenten absolvieren
> müssen […]" (K3, Abs. 98).

Zusammenfassend kann festgestellt werden, dass das in Frankreich praktizierte
System zur Anerkennung und Anrechnung außerhochschulisch erworbener
Kompetenzen aus unterschiedlichen Gründen auf wenig Akzeptanz innerhalb
der Gruppe der befragten Expert_innen trifft. Als wichtigster Aspekt kann die
Sorge vor dem Qualitätsverlust des akademischen Abschlusses und der Entwer-
tung der Studienprogramme hervorgehoben werden.

In der Analyse der nächsten Kategorie soll herausgestellt werden, inwiefern
es in Bezug auf Anerkennung und Anrechnung außerhochschulisch erworbener
Kompetenzen bereits Kooperationen mit außerhochschulischen Bildungseinrichtungen gibt und welche Auswirkungen solche Kooperationen auf den Umgang
mit Anrechnung insgesamt an der Hochschule haben.

6.4.3   Kooperation(en) der Hochschule

Kooperationsvereinbarungen mit außerhochschulischen Akteur_innen können
gerade für Verfahren der pauschalen Anrechnung, ein hilfreiches Instrument
sein. Im Folgenden wird die Erfahrung der Expert_innen zu diesem Bereich
erörtert.

Bei der Frage nach Kooperationsvereinbarungen mit außerhochschulischen Institutionen ergibt sich ein pluralistisches Bild innerhalb der Gruppe der befragten Expert_innen. Während bei einigen Hochschulen bisher keine Kooperationen bestehen und auch nicht in Planung sind, gibt es Hochschulen, die Kooperationen in Bezug auf Anerkennung und Anrechnung seit Jahren aufbauen und pflegen.

Es bestehen Kooperationen mit großen Unternehmen in Bezug auf die Zulassung zu Angeboten der wissenschaftlichen Weiterbildung, die dann mit diesen Unternehmen gemeinsam durchgeführt werden.

> „Bei der speziellen Zulassung zu den Lehrgängen gibt es dahingehend vereinzelt welche. Wir nennen sie so diese ‚corporate programmes', wo ein spezieller Lehrgang adaptiert wird für die Teilnehmer einer bestimmten Großeinrichtung irgendwo. Das gibt es schon immer wieder. Aber in der Form ist das nicht so häufig" (K8, Abs. 154).

Darüber hinaus wurden Verfahren entwickelt und implementiert, die dazu dienen, durch eine vorherige Äquivalenzprüfung verbunden mit einer Kooperationsvereinbarung, eine pauschale Anrechnung von außerhochschulisch erworbenen Kompetenzen zu ermöglichen. Dazu *„muss es einen Plan geben, welche Module anrechenbar sind"* (K7, Abs. 33).

Nicht nur die Hochschulen haben besonders auf dem Gebiet der wissenschaftlichen Weiterbildung ein Interesse, durch Anerkennung und Anrechnung von außerhochschulisch erworbenen Kompetenzen attraktiv für potentielle Zielgruppen zu sein. Auch für Institutionen der beruflichen Bildung kann es einen Mehrwert haben, wenn sie bei ihren Schüler_innen beziehungsweise Studierenden an einer Berufsakademie damit werben können, mit erfolgreichem Abschluss an einer Hochschule zugelassen zu werden und gegebenenfalls darüber hinaus Teile ihrer Ausbildung angerechnet zu bekommen.

> „Das wäre so ein ganz konkreter Fall, wo die in [Name der Stadt] uns angesprochen hat, ob wir nicht diesen Abschluss prüfen könnten, ob wir da nicht einen Äquivalenzvergleich durchführen könnten, um da auch die Möglichkeit so ein bisschen zu geben, den Studierenden dort die Möglichkeit zu geben, bei uns dann einen Bachelorstudiengang, ein Bachelorstudium zu absolvieren" (K4, Abs. 97).

Besonders die Körperschaften des öffentlichen Rechts (beispielsweise die Industrie- und Handelskammern) sind wichtige Kooperationspartner_innen der Hochschulen im Hinblick auf Anerkennung und Anrechnung. Sie wurden in den Interviews mit den Expert_innen immer wieder hervorgehoben. So gibt es enge Kontakte zwischen den Hochschulen und den Körperschaften des öffentlichen

Rechts, bei denen Kooperationen mit dem besonderen Schwerpunkt der Anrechnung im Mittelpunkt stehen.

> „Und zwar eine Kombination von Ausbildung, Meisterausbildung und Studium zu
> machen im Rahmen von einem dualen Modell, wo es eben auch da natürlich um
> Anrechnungen geht von Leistungen" (K7, Abs. 90).

Vor allem im Hinblick auf die Anrechnung auf Bachelorstudiengänge gibt es
intensive Kooperationen zu den Industrie- und Handelskammern, *„[...] weil die
natürlich auch die entsprechenden Zielgruppen betreuen"* (K4, Abs. 97). Die
Anrechnung von Abschlüssen muss jedoch nicht zwangsweise Ergebnis einer
Kooperation zwischen Hochschule und Kammern sein. Oft handelt es sich bei
den Absolvent_innen einer beruflichen Ausbildung um *„zentrale Zielgruppen
für den Studiengang"* (K4, Abs. 97). Um für diese Zielgruppen die Attraktivität
zu steigern, ein Hochschulstudium aufzunehmen und bereits vorhandene Kompetenzen nicht noch einmal vermittelt zu bekommen, werden diese Berufsab-
schlüsse pauschal auf Teile des Studiums angerechnet. Dennoch werden auch
Bestrebungen der Hochschulen deutlich, verstärkt mit außerhochschulischen
Bildungsträgern zu kooperieren.

> „Bei der [Hochschule für eine Fachdisziplin] sind wir jetzt gerade bei demselben
> Verfahren mit dabei. Da haben wir bereits die [Berufliche Kammer] in [Namen
> zweier Bundesländer], die dort nämlich Schulträger ist, mit im Boot" (K5, Abs. 99).

Die hohe Bedeutung der beruflichen Schulen und der Kammern begründet sich
darin, dass sie Repräsentanten formaler Abschlüsse im Bildungssystem und
daher verlässliche und fachlich-inhaltlich belastbare Partner_innen sind.

> „Partner helfen unheimlich. Vor allem die, die tatsächliche rechtliche Funktion im
> Bildungssystem haben. Also die zuständige Stelle sind für die Abschließung"
> (ebd.).

Eine Kooperation mit Institutionen dieses Rechtsstatus' erscheint für die Hochschulen verbindlicher und verlässlicher zu sein, als eine Zusammenarbeit mit
beispielsweise gemeinnützigen Einrichtungen der Erwachsenen- und Weiterbildung.

> „[…] mit denen arbeiten wir auch zusammen, aber die haben keine so starke Stel-
> lung, weil die keine beruflichen Abschlüsse vergeben" (ebd.).

Insgesamt wird Partner_innen der außerhochschulischen Bildung eine große
Bedeutung beigemessen, weil sie die zuständigen Stellen zur Vergabe von

Berufsabschlüssen sind: *„Alles, was zuständige Stelle ist, ist wichtig. Also besonders wichtig"* (ebd.). Die enge und verlässliche Zusammenarbeit mit den Körperschaften des öffentlichen Rechts hat in vielen Fällen dafür gesorgt, dass es starke Bestrebungen gibt, Übergänge zwischen beruflicher und hochschulischer Bildung zu schaffen.

> „Die [Name der Hochschule] bietet ja diverse weiterbildende Studiengänge an, die eben auch mit einem sehr hohen Anspruch Wissen vermitteln und dann eben entweder mit einer [Körperschaft des öffentlichen Rechts]-Prüfung abschließen, also da kooperieren wir mit den [Körperschaften des öffentlichen Rechts], oder mit einer eigenen Prüfung, die aber durchaus schon lange modular aufgebaut sind und mit entsprechenden Workload-Zahlen auch belegt sind und von daher sehen wir das als sehr positiv, dass eben diese Übergänge da geöffnet werden" (K3, Abs. 23).

Auf diese Weise haben sich enge Verzahnungen und Verflechtungen zwischen den Hochschulen und den Körperschaften des öffentlichen Rechts entwickelt, welche eine günstige Voraussetzung dafür bieten, berufliche Abschlüsse für die Zulassung zu oder die Anrechnung auf ein Hochschulstudium nutzbar zu machen.

> „Wir haben quasi für die [Körperschaften des öffentlichen Rechts] ausgebildet. Die [Körperschaften des öffentlichen Rechts] haben geprüft und dadurch ist die Beziehung sehr eng" (ebd., Abs. 102).

Eine zusätzliche Verflechtung ergibt sich daraus, dass der/die Entwickler_in seitens der Hochschule *„sehr stark involviert in Prozesse, in Weiterentwicklung des Programms [externer Partner_innen]"* (ebd.) ist. So entsteht ein vertrauensvolles Verhältnis zwischen den handelnden Akteur_innen sowohl seitens der Hochschule als auch seitens der Körperschaften des öffentlichen Rechts. Durch die enge Zusammenarbeit und eine gemeinsame Programmentwicklung lassen sich darüber hinaus die Wahrung des Niveaus und die Anrechenbarkeit der Kompetenzen auf einen Hochschulstudiengang besser überprüfen.
Auch mit anderen Akademien der beruflichen Bildung gibt es Bestrebungen, Kooperationen einzugehen, auch wenn diese bisher nur vereinzelt bestehen.

> „Im [Name einer Fachdisziplin] sind wir relativ eng mit der [Akademie dieser Fachdisziplin] unterwegs, die natürlich auch Interesse haben" (K5, Abs. 99).

Als Problem wird hierbei beschrieben, dass diese Akademie ihre Fortbildungen als besonders anspruchsvoll einstuft und diese vom Niveau her auf der Ebene eines Hochschulstudiums sieht. Dennoch ist die Akademie bemüht, die Anschlussfähigkeit an das Bachelorprogramm der Hochschule sicherzustellen, um

möglichst das rechtlich definierte Maximum von fünfzig Prozent außerhochschulischer Kompetenzen anrechnen lassen zu können.

Zusammenfassend kann festgestellt werden, dass enge Kooperationen zwischen Hochschulen und außerhochschulischen Bildungsanbieter_innen (meist
mit formalem Status im deutschen Bildungssystem) an vielen der von den Autoren ausgewählten und befragten Hochschulen bereits fester Bestandteil sind.
Äquivalenzvergleiche und Kooperationsverträge erleichtern den Übergang von
der beruflichen Bildung an die Hochschulen und können zur Anrechnung von
Kompetenzen und damit zu einer Verkürzung der Studienzeit führen.

6.4.4 Mögliches Optimierungspotential

Im Folgenden wird die Einschätzung der Befragten in Bezug auf das Optimierungspotential ihrer Verfahren dargelegt. Es wird auf die Schwächen des Systems und deren Umgang damit eingegangen.

Im Hinblick auf das Optimierungspotential beziehungsweise Schwächen
des Systems zur Anerkennung und Anrechnung außerhochschulisch erworbener
Kompetenzen zeigen sich die Befragten sehr selbstkritisch und gleichzeitig
kreativ bei der Entwicklung von optimierenden Konzepten und Ideen. Ein zentraler Bereich für potentielle Optimierungen scheint der Umgang mit dezentralen
Strukturen im Anrechnungsverfahren zu sein.

„[…] wir haben immer mal überlegt, das Ganze zu zentralisieren mit einem zentralen Ansprechpartner. Wir sind derzeit so in der Diskussion, macht's Sinn" (K8,
Abs. 69).

Viele Anrechnungsverfahren erfolgen dezentral in den Hochschulabteilungen.
Dies bringt zum einen den Nachteil mit sich, dass etablierte und funktionierende
Verfahren nicht von der gesamten Hochschule genutzt werden können, sondern
nur den jeweiligen Hochschulabteilungen zur Verfügung stehen, die sie eingeführt haben. Zum anderen wird von den Expert_innen der Nachteil genannt,
dass durch eine dezentralisierte Organisation des Anrechnungsverfahrens lange,
aufwendige und ressourcenintensive Kommunikationswege entstehen, die sich
durch eine zentrale Handhabung reduzieren ließen. „Das geht schon paar Mal
im Kreis […]" (K8, Abs. 71). Darüber hinaus könnte sichergestellt werden, dass
das System hochschulweit gleich gehandhabt wird und es keine Ungleichbe-
handlungen von Anrechnungsbewerber_innen in verschiedenen Hochschulabteilungen gibt. Zudem würden Erfahrungen zentral gesammelt und das Verfahren
ließe sich effizienter optimieren.

Ein weiterer Prozessbereich, in dem Optimierungsbedarf besteht, ist die
Serviceleistung für die Bewerber_innen durch die Hochschulen. Dieser wird als

unzureichend empfunden. Die Betreuung und Beratung der Antragstellenden könnte demnach noch deutlich ausgebaut werden, *„[...] dass der Studierende das schneller findet und weiß, was er tun muss"* (K7, Abs. 92). Gerade vor dem Hintergrund, dass den Studierenden sehr viel Eigeninitiative und selbstständiges Handeln abverlangt wird, damit ihr Antrag auf Anrechnung außerhochschulisch erworbener Kompetenzen Aussicht auf Erfolg hat, wäre ein Ausbau der Service-leistungen an dieser Stelle wünschenswert. Das Problem wird hier in der dünnen Personaldecke gesehen, die zur Verfügung steht, um Studierende bei ihrem Antrag auf Anrechnung zu unterstützen.

> „[...] dass man halt dann vielleicht doch nochmal irgendwie auch einen Ansprech-partner dazu findet [...]" (ebd.) .

Hierbei liegt der Fokus, neben dem bereits thematisierten Personalmangel da-rauf, *„dass man dann zumindest auch diese Abläufe, Strukturen und Prozesse beschreibt"* (ebd.). Ein weiteres Ziel der Optimierung des Verfahrens liegt in der Sicherstellung der Studierfähigkeit. Dabei geht es auf der einen Seite darum, dafür Sorge zu tragen, dass durch Möglichkeiten der Anerkennung und Anrech-nung das Niveau innerhalb der Studierendengruppe sichergestellt wird und auf der anderen Seite, dass der monetäre Aufwand für die Durchführung des Ver-fahrens im von der jeweiligen Hochschule angestrebten Nutzen steht.

> „Wir sind auch in der Diskussion, das Verfahren ein bisschen mehr im Sinne eines Studierfähigkeitstests auszubauen, die dann irgendwie flächendeckend von allen zu machen sind. Da sind wir immer wieder in der Diskussion und in der Vorbereitung. Ich glaube aber trotzdem, dass es in der Waage sein muss zwischen Aufwand und Kosten" (K8, Abs. 160).

Neben der Organisationsfrage, ob das Verfahren zentral oder dezentral in den Hochschulabteilungen verwaltet wird, sowie der Frage nach der Studierbarkeit und den Kosten, spielen grundsätzliche Verfahrensaspekte eine Rolle. Beson-ders bei der Anrechnung beruflich erworbener (non-formaler und informeller) Kompetenzen fehlt es an einem handhabbaren, transparenten und generalisierba-rem System. Ziel soll die Beantwortung der Frage sein, *„wie kann man das so ein bisschen transparenter machen und das Verfahren ein bisschen vereinfachen [...]"* (K4, Abs. 99). Denn gerade bei der Anrechnung non-formaler und infor-meller Kompetenzen gebe es immer wieder Unsicherheiten. Im Besonderen die Bereiche der Lernziele, des zeitlichen Umfangs der anzurechnenden Kompetenz und der Anforderungen, die erfüllt sein müssen, damit eine Kompetenz anre-chenbar ist, *„sind natürlich, wenn man auf die berufliche Praxis schaut, ein bisschen schwieriger umzusetzen"* (ebd.).

Aber auch außerhalb des Einflussbereichs der Hochschule gibt es Rahmenbedingungen, die nach Ansicht der Expert_innen einer Optimierung bedürfen, um ein System der Anerkennung und Anrechnung außerhochschulisch erworbener Kompetenzen qualitätsgesichert und nachhaltig zu implementieren. Exemplarisch wird die neue Rolle von Meisterabschlüssen genannt, die nach dem Deutschen Qualifikationsrahmen auf Stufe sechs angesiedelt sind und damit als gleichwertig zum Bachelorabschluss eingestuft wurden. Daraus wiederum leitet sich der Anspruch von Anerkennung seitens der Institutionen ab, die den Meisterbrief aushändigt.

> „Was so ein bisschen kontraproduktiv ist, ist natürlich, dass die [Körperschaften des öffentlichen Rechts] ihre eigenen [berufliche Abschlüsse] auf Level sechs ansetzen. Also wir sind nicht wirklich dran gebunden, wir sind immer noch frei zu entscheiden, wen nehmen wir auf? Und wir nehmen niemanden in ein 3-semestriges Bachelor- oder wir nehmen keinen in ein Masterprogramm auf, der nur in ein [beruflichen Abschluss] hat. Aber dennoch sind wir auch den [Körperschaften des öffentlichen Rechts] sehr verbunden und es ist ja auch jetzt offiziell anerkannt aber es passt de facto einfach nicht" (K3, Abs. 111).

Die Definition der Meisterabschlüsse als gleichwertig mit den Bachelorabschlüssen setzt die Hochschulen in ihrer Anrechnungspraxis unter Druck, sich ihrerseits zu positionieren. Aus der Perspektive der Hochschulen wird mit dieser Regelung *„über das Ziel hinausgeschossen"* (ebd.). Diese Vorgaben tragen aus der Sicht der überwiegenden Zahl der Expert_innen *„nicht dazu bei, die Akzeptanz in der breiten Öffentlichkeit zu stärken"* (ebd.). Es wird argumentiert, dass nicht nur Absolvent_innen einer beruflichen Ausbildung praktische Berufserfahrung vorweisen. Die meisten grundständigen Studierenden und nahezu alle Studierenden in der wissenschaftlichen Weiterbildung gehen einer beruflichen Tätigkeit nach, welche jedoch überhaupt nicht den Workload ihres Studiums berücksichtigt. Nach Aussage der Befragten wollen die Hochschulen die Vorgaben durch den Deutschen Qualifikationsrahmen und die Anliegen der beruflichen Bildung *„[...] ernst nehmen, aber es muss auch im Verhältnis stehen."* (ebd.).

Trotz des vorhandenen Optimierungsbedarfs der Konzepte der Anerkennung und Anrechnung außerhochschulisch erworbener Kompetenzen in verschiedenen Bereichen und auf verschiedenen Ebenen, wird das System als richtig und notwendig verstanden. Die Interviewpartner_innen formulieren klar definierte Ziele für ihre Verfahren.

> „Das Ziel muss tatsächlich immer sein, eine Standardisierung herbeizuführen, dass man nicht immer wieder von vorne anfängt. Sondern tatsächlich aus den Präzedenzfällen lernt und daraus Strukturen entwickelt, die dann genutzt werden können" (ebd., Abs. 106).

Eine zentrale Aufgabe bei der Weiterentwicklung der bestehenden Prozesse liegt darin, gemachte Erfahrungen zu nutzen, um Vorgehensweisen zu generalisieren und sie damit, sowohl für die Hochschulverwaltung als auch für die Antragsteller_innen, leichter handhabbar zu machen. Darüber hinaus besteht ein hohes Interesse seitens der befragten Expert_innen daran, an den Erfahrungen anderer Hochschulen bei der Optimierung ihrer Verfahren zu partizipieren.

> „Ich fände es förderlich, wenn das, was Sie jetzt machen, was Sie auch gesagt haben, dass Sie an andere Hochschulen gehen, gucken, wie es da gehandhabt wird, wenn das transparent gemacht wird, wenn man dann sehen kann, ah, so machen das die Kollegen. Das finde ich eine gute Sache. Und das könnte das ja auch fördern, denke ich" (K2, Abs. 65).

Erkenntnisse einzelner Hochschulen sollen für alle Akteur_innen in diesem Arbeitsfeld nutzbar gemacht werden. Hier scheint es einen hohen Informationsbedarf seitens der Interviewpartner_innen und den von ihnen vertretenen Hochschulen zu geben.

Zusammenfassend kann festgehalten werden, dass es eine breite Palette von Herausforderungen zur Optimierung der bisher entwickelten Verfahren gibt, die sich von der Organisationsform (zentral vs. dezentral), über den Servicegedanken und dafür nötigen Ressourceneinsatz bis zu den Ansprüchen und Vorstellungen von Anbieter_innen beruflicher Bildung erstrecken. Dennoch sind die befragten Expert_innen bestrebt, ihr System weiter zu entwickeln und formulieren dahingehend klare Zielvorstellungen, wie sich eine Optimierung gestalten kann beziehungsweise wie ein aus ihrer Perspektive tragfähiges Konzept aussehen könnte. Dabei wird es als ein Vorteil gesehen, sich mit anderen Hochschulen, die vor ähnlichen Herausforderungen stehen, besser zu vernetzen und in Austausch zu treten.

6.4.5 Mögliche Systemstärken

In den bereits entwickelten und sich in der Anwendung befindlichen Systemen zur Anrechnung außerhochschulisch erworbener Kompetenzen gibt es verschiedene Aspekte, die sich bewährt haben beziehungsweise als besondere Systemstärken identifiziert werden.

Ein_e Expert_in beschreibt ein Verfahren, in dem bereits durch die Antragstellung deutlich wird, welche Module anrechenbar sind.

> „Also der Clou ist ja diese modulweise Antragstellung, die sich dann auf den Studiengang bezieht, dass man dann genau weiß, darauf bezieht sich das und nicht irgendein Wust oder Einstieg ins dritte Semester, oder irgendwie sowas, sondern

ganz dezidiert die Kandidat_innen sagen, ich meine, dieses kann ich schon und dieses kann ich schon und dieses kann ich schon" (K9, Abs. 91).

Hier wird die Klarheit und Verbindlichkeit des Verfahrens als besondere Systemstärke herausgestellt. Während auf der einen Seite auch in der untersuchten Kategorie des Opti-
mierungsbedarfes das Ziel formuliert wird, das Anrechnungssystem möglichst
ressourcenschonend zu betreiben, wird auf der anderen Seite bei der Frage nach
den Systemstärken gerade dieser hohe und individuelle personelle Aufwand als
besonders vorteilhaft erwähnt, da die Antragstellenden eine engmaschige Betreuung und Unterstützung seitens der Hochschule benötigen, um die Verfahren
(besonders der individuellen Anrechnung außerhochschulisch erworbener Kompetenzen) erfolgreich durchlaufen zu können.

„[…] weil doch irgendwie so dieser Bezug [zur Hochschulabteilung] oder der direkte Bezug zu der Lehrgangsleitung vielleicht auch für diese Personengruppe ein
sehr wichtiger ist" (K8, Abs. 69).
„Wir legen auch viel Wert darauf, dass wir so ein One-face-to-the-customer-Design
haben. Das heißt, dass diese Person oder alle Interessenten und Studierenden wirklich von Anfang an bis zum Ende des Studiums dann auch gegebenenfalls einen
Ansprechpartner haben" (K4, Abs. 53).

Aber nicht nur der direkte Kontakt zur Lehrgangsleitung oder einer Servicestelle
werden als besondere Systemstärken angeführt, sondern auch eine enge Abstimmung mit den inhaltlich verantwortlichen Professor_innen wird als besonders hilfreich hervorgehoben. Beachtenswert erscheint an dieser Stelle, dass der
Wunsch des direkten Kontaktes hier nicht von den Anrechnungsbewerber_in-
nen, sondern vielmehr von den Fachvertretenden ausgeht.

„[…] aber manche Dozenten möchten den Studenten dann noch mal sehen und ihm
noch mal einen Rat mit auf den Weg geben, ob das günstig ist oder nicht oder ihm
auch empfehlen, sich mit dem Fach nochmals zu befassen" (K6, Abs. 113).

Dieser Aspekt kann mit der Dimension der Qualitätssicherung in Verbindung
gebracht werden. Die Lehrenden haben direkten Kontakt zu den Antragstellenden und damit auch einen direkten Einfluss auf die Entscheidung über die Anrechnung. Auch wenn dieses Vorgehen sehr ressourcenintensiv ist, wird es als
Systemstärke ausgewiesen.

„Solange die Dozenten sich die Zeit für die Studenten nehmen, würde ich das auch
nicht kippen wollen" (ebd.).

Auch für die Verwaltungsmitarbeitenden (in diesem Falle in der Regel Mitarbeitende des Studiengangmanagements) bedeutet die direkte Beteiligung der Professor_innen an der Bewertung der Kompetenzen zur Anrechnung sowohl eine Unterstützung als auch eine Sicherheit, das Verfahren fachlich korrekt umzusetzen. So ist es *„gut, dass man noch eine Person hat, die sich nochmal die Unterlagen anschaut [...], die thematisch auch vielleicht nochmal ein bisschen tiefer in dem Modul drinsteckt"* (K4, Abs. 55). Während auf der einen Seite angestrebt wird, die Anrechnungsverfahren effizienter zu gestalten, indem beispielsweise durch Erfahrungswerte versucht wird, individuelle Verfahren nach Möglichkeit in pauschale zu überführen, favorisieren auf der anderen Seite sowohl die in der Verwaltung mit der Aufgabe betrauten Akteur_innen als auch die Professor_innen einen engen Kontakt zu den Anrechnungsbewerber_innen.

Eine Steigerung der Effizienz durch den Einsatz geringerer personeller Ressourcen scheint im Widerspruch zur Akzeptanz des Verfahrens innerhalb der Hochschule zu stehen.

„Wenn das Verfahren akzeptiert werden soll, gibt es eigentlich für meine Fantasie keine Entschlackung" (K9, Abs. 89).

Aber nicht nur auf der Ebene der individuellen Verfahren werden Systemstärken identifiziert. Auch pauschale Verfahren konnten sich durchsetzen und werden als erprobte Verfahrensstärken positiv hervorgehoben. Demnach sind die Anrechnungsmöglichkeiten an einigen Hochschulen sehr umfangreich. Dort werden Kompetenzen *„aus Fort- und Weiterbildungen, aus Studienzeiten, aus beruflicher Praxis [pauschal angerechnet]"* (ebd.).

Besonders hervorgehoben werden die vielfältigen Möglichkeiten für die Bewerber_innen durch die Anrechnung von Kompetenzen. Formale Hürden zur Anerkennung und Anrechnung beispielsweise beruflicher Kompetenzen werden im Sinne der Qualitätssicherung und damit der Systemakzeptanz als Stärken bewertet. So verlangt eine der untersuchten Hochschulen eine mindestens vierjährige Berufserfahrung als Voraussetzung für die Anrechnung beruflich erworbener Kompetenzen.

„Diese vier Jahre sind eine Mindestvorgabe [...] im Curriculum und [...] da drunter geht einmal gar nichts. Das ist einfach so eine rote Linie, die nach unten eingezogen wird und das ist sehr formal und einfach nachprüfbar" (K8, Abs. 160).

Einerseits kann diese Regelung als restriktiv verstanden werden. Andererseits setzt sie auch eine Haltung voraus, die außerhochschulisch erworbene Kompetenzen als anrechenbar ansieht. Mit einer konkreten Formulierung begründet eine befragte Person die Systemstärke an ihrer Hochschule.

„Wir machen einfach schlichtweg eine Gleichbehandlung von hochschulischen und beruflichen [Kompetenzen]" (K5, Abs. 136).

Dieser Strategie geht jedoch ein langer hochschulinterner Aushandlungsprozess voraus. Demnach erscheint es als besonders hilfreich, eine möglichst weit in die Hochschule getragene, offene Haltung gegenüber nicht-traditionellen Studierenden einzunehmen, die außerhochschulisch erworbene Kompetenzen mit in die Hochschule bringen.

> „[...] diese prinzipielle Offenheit für Quereinsteiger in den akademischen Bildungsprozess. Das ist ein klares Commitment. Es ist halt einfach auch in der Zeit heraus gewachsen" (K8, Abs. 160).

Diese Aufgabe, eine von der Institution getragene Anerkennungskultur zu implementieren, wird als zentral und damit als besondere Systemstärke herausgestellt. Erst wenn die Komplexität und die Bedeutung des Themas bewusst geworden ist, es von der Hochschule bewertet wurde und zu einer Entscheidung für eine offensive Strategie zur Anrechnung außerhochschulisch erworbener Kompetenzen gekommen ist, kann sich mit der operativen Umsetzung im Sinne eines Projekt- beziehungsweise Prozessmanagements auseinandergesetzt werden.

> „[...] ich meine Prozessmanagement ist ja irgendwie hip, ich sag das jetzt mal polemisch, dass man, in dem man irgendwie so einen Prozess aufsetzt, am Ende schon das Richtige rauskommt. Dafür ist das Thema viel zu komplex. Man muss es andersherum machen. Man muss wirklich verstehen, was da eigentlich los ist und was es für uns als [Hochschule] bedeutet. Wir sind ja oben von den Unis in der Sandwichposition unten von der beruflichen Bildung. Und das müssen wir erst einmal verstehen. Dann können wir auch zu der Auffassung gelangen, wir lassen ganz die Finger davon, um uns nicht weiter hier drücken zu lassen. Das ist das Entscheidende. Es kommt nicht automatisch was raus, es soll vom Studierendensekretariat ins Anrechnungsbüro vom Prof. XY und von da dann wieder zurück in die zentrale Anrechnungsstelle und dann in irgendeine Datenbank. Dadurch wird das Thema fachlich nichts. Das reicht nicht. Das ist einfach der zweite Schritt" (K5, Abs. 93).

In den bestehenden Anrechnungssystemen entsteht ein sehr breit gefächertes Bild davon, was zum Gelingen eines Anrechnungssystems beitragen kann: Ob es der Kontakt zu den Fachvertretenden oder persönlichen Beratenden in den Hochschulabteilungen ist, ein besonders dezidiert abgebildeter Prozess oder ein komplex ausgearbeitetes Antragswesen. Um diese Systemstärken für die Anrechnungsbewerber_innen voll nutzbar machen zu können, erscheint eine über die gesamte Hochschule mit ihren Stakeholdern getragene Akzeptanz für das

Thema Anerkennung und Anrechnung außerhochschulisch erworbener Kompetenzen von besonderer Bedeutung zu sein.

6.4.6 Transfer? – Potentiale und Möglichkeiten

Die überwiegende Zahl der Expert_innen sieht keinerlei Probleme darin, ihr System zur Anrechnung außerhochschulisch erworbener Kompetenzen auf andere Hochschulen zu übertragen „weil es sich an den Bologna-Strukturen orientiert [...]" (K9, Abs. 91). An dieser Stelle scheint sich die Bologna-Reform positiv auf die Übertragbarkeit von Anrechnungsverfahren auszuwirken, „weil das überall gleich ist mit Modulen und Prüfungsordnungen und Prüfungsausschuss" (K9, Abs. 93).

Aus der Sicht der meisten Befragten scheinen die Verfahren zur Anerkennung und Anrechnung außerhochschulisch erworbener Kompetenzen sich ebenfalls auf andere Hochschulen übertragen zu lassen, weil sie „jetzt auch nicht so hoch innovativ und spezialisiert [sind], dass es sich nicht übertragen ließe" (K7, Abs. 97). Es handle sich dabei in der Regel um Verfahren, „die sich so [...] in den meisten Hochschulabläufen ähnlich darstellen" (ebd.).

„Jemand der sich so ein bisschen auskennt und übersetzen kann, auch zwischen den Systemen, und erklären kann wie die und die ticken. Die Akteure so ein bisschen verbindet" (K5, Abs. 142).

Als weiterer Aspekt wird auch mit dem politischen Druck auf die Hochschulen argumentiert, der aus der Erkenntnis der Notwendigkeit von Lebenslangem Lernen und den daraus resultierten politischen Programmen entstanden ist. Die Hochschulen sind daher bestrebt, sich nach funktionierenden Systemen umzuschauen und diese für sich zu adaptieren beziehungsweise zu optimieren.

„Wir merken's doch immer wieder, dass es kopiert wird. Also das merkt man immer wieder. [...] Weil dieser Druck, in dieses lifelong learning hineinzugehen auf den Universitäten schon von Seiten des Ministeriums immer mit den Leistungsvereinbarungen kommt" (K8, Abs. 171).

Auch die Freiheit der einzelnen Hochschulen, solche Systeme einzuführen, trägt dazu bei, dass bestehende Verfahren adaptierbar sind.

Bewährte Prozesse, die exemplarisch erprobt worden sind, wurden von anderen Hochschulabteilungen innerhalb derselben Hochschule übernommen.

„Und dieses Verfahren ist von zumindest einem [...] anderen [Fachbereich] übernommen worden [...]" (K9, Abs. 47).

Für die zu schaffenden Rahmenbedingungen zur Übertragbarkeit der Systeme, sowohl innerhalb als auch zwischen den Hochschulen, wird darauf hingewiesen, dass es notwendig sei, ein solches Verfahren gegebenenfalls im Rahmen eines Akkreditierungsverfahrens verifizieren zu lassen. So können Anrechnungsverfahren übernommen werden,

> „wenn sie in den Akkreditierungsunterlagen des Studiengangs Berücksichtigung und Erwähnung [finden]" (K7, Abs. 35).

Eine befragte Person sieht das System der Hochschule nur als übertragbar an, wenn die adaptierende Hochschule nicht dezentral über eine Region verteilt ist.

> „Wir sind nun mal eine Campushochschule und damit hat natürlich gerade so ein Formular, wo man Stellen anlaufen muss auch Sinn, ist für einen Studierenden nicht ganz so unzumutbar, wie in manchen Hochschulen wo ich wirklich vielleicht von Ort zu Ort reisen muss" (K6, Abs. 105).

Eine befragte Person bewertet ihr System als nicht übertragbar. Allerdings wird hier angemerkt, dass andere Hochschulen die Möglichkeit haben *„das als Beispiel [zu] nehmen, um sich orientieren zu können"* (K4, Abs. 105).

Grundsätzlich steht nach der Meinung der Befragten der Übertragbarkeit der Verfahren zur Anerkennung und Anrechnung außerhochschulisch erworbener Kompetenzen auf andere Hochschulen kaum etwas im Weg. Lediglich eine der befragten Expert_innen gibt an, dass das eigene System so spezialisiert auf das Profil eines Studiengangs hin entwickelt wurde, dass nur die Grundidee adaptiert werden kann, da auf den Studiengang zugeschnittene Äquivalenzvergleiche mit außerhochschulischen Bildungsanbieter_innen vorgenommen wurden. Trotz der breiten Einschätzung der Übertragbarkeit der Verfahren auf andere Hochschulen hat keine_r der Interviewpartner_innen davon berichtet, bereits erprobte (Teil-)Prozesse von einer anderen Hochschule übernommen zu haben. Eine mögliche Interpretation wäre, dass die Expert_innen die Rahmenbedingungen anderer Hochschulen nicht ausreichend gut kennen, um eine Übertragbarkeit des Systems zuverlässig bewerten zu können. Eine weitere Deutungsmöglichkeit ist, dass sich die Hochschulen unzureichend über Verfahren austauschen, so dass eine Adaptierung von Systemen aus Unwissenheit über die Existenz dieser Systeme nicht stattfinden kann.

Ob und wie sich hilfreiche Aspekte der einzelnen Verfahren auf Angebote der wissenschaftlichen Weiterbildung adaptieren lassen, beziehungsweise welchen Erweiterungen oder Neuentwicklungen es bedarf, um den besonderen Bedürfnissen der nicht-traditionellen Zielgruppen Rechnung zu tragen, wird Gegenstand des nächsten Kapitels sein. Dieses befasst sich explizit mit der

Adaptierung der gewonnenen Erkenntnisse auf Angebote der wissenschaftlichen Weiterbildung für entsprechenden Zielgruppen.

6.4.7 Bedeutung von Anerkennung und Anrechnung

Die befragten Expert_innen werden gebeten, eine Stellungnahme abzugeben, welche Bedeutung die Anerkennung und Anrechnung außerhochschulisch erworbener Kompetenzen ihrer Meinung nach aktuell an ihren Hochschulen hat. Bei der Auswertung zeichnet sich ein breites Spektrum an Einschätzungen ab. Einige beurteilen die Relevanz der Thematik für ihre Hochschule als hoch bis sehr hoch.

> „Weil gerade der Akademisierungstrend, der mit den Bachelor-/Master-programmen eingesetzt hat, ist ja an einigen schon vorbeigegangen. Und für die ist so eine Möglichkeit, sich auch im späteren Verlauf des Lebens noch einmal zu akademisieren ganz entscheidend für die Karriereentwicklung" (K3, Abs. 121).

Hier wird Anerkennung und Anrechnung als Auftrag der Hochschulen zur Steigerung der Durchlässigkeit im Bildungssystem betrachtet. Gerade durch die Akademisierung vieler Berufsgruppen muss den Menschen die Möglichkeit gegeben werden, sich durch ein weiterbildendes Studium nachhaltig in den ersten Arbeitsmarkt zu integrieren. In einem anderen Interview wird die Bedeutung von Anerkennung und Anrechnung für die Hochschule durch einen zusätzlichen Aspekt erweitert. Wichtig sei Anrechnung für die *„Offenheit der hochschulischen Bildung auch für nicht-traditionelle Studiengruppen"* (K8, Abs. 177). Dies sei nicht nur für das Lebenslange Lernen und die Durchlässigkeit im Bildungssystem relevant, sondern *„letztlich auch für die Existenz der Hochschule" (ebd.).* An dieser Hochschule wurde die Gruppe der nicht-traditionell Studierenden als Zielgruppe identifiziert, deren Akademisierung beziehungsweise wissenschaftliche Weiterbildung unter den Bedingungen des demografischen Wandels ein eigenes Tätigkeitsfeld darstellt.

Aber nicht alle Expert_innen bewerten die Bedeutung von Anerkennung und Anrechnung aktuell als so hoch wie eben beschrieben. Vereinzelt ist die Anerkennung und Anrechnung außerhochschulisch erworbener Kompetenzen *„einfach bisher noch nicht so ein großes Thema, das an uns herangetragen wurde"* (K2, Abs. 75). Diese Aussage überraschte besonders, da die entsprechende Hochschule im Rahmen der Sekundäranalyse dadurch auffiel, dass sie sehr weitreichende Möglichkeiten zur Anerkennung außerhochschulisch erworbener Kompetenzen zulässt. So gibt es hier die grundsätzliche Option, ohne einen ersten Hochschulabschluss ein Masterstudium aufzunehmen, welche in Einzelfällen auch schon praktisch umgesetzt wurde.

Die Ergebnisse der Interviews deuten darauf hin, dass Anerkennung und Anrechnung außerhochschulisch erworbener Kompetenzen innerhalb der verschiedenen Hochschulen eine sehr unterschiedliche Bedeutung erfahren. Darüber hinaus lässt sich vermuten, dass es große Abweichungen zwischen dem theoretischen Spielraum für Anerkennung und Anrechnung und dem operativen Umgang der Hochschulen mit dieser Thematik gibt. Demnach werden die rechtlichen und hochschulstrategischen Rahmenbedingungen nicht ausgeschöpft und das Verfahren bleibt in seiner praktischen Umsetzung weit hinter den theoretischen Möglichkeiten zurück.

6.4.8 Zukunftsprognose zu Anerkennung und Anrechnung

Neben der Erhebung der Einschätzung zur aktuellen Bedeutung in diesem sich stark im Wandel befindenden Feld, erscheint die Zukunftsprognose der befragten Akteur_innen von besonderer Wichtigkeit. Daher werden sie aufgefordert, eine Prognose abzugeben, wie sich das Feld und der Stellenwert von Anerkennung und Anrechnung in zehn Jahren darstellen werden.

Der überwiegende Teil der Interviewpartner_innen kann sich vorstellen, *„dass es erst einmal vom Volumen her mehr wird"* (K6, Abs. 109). Diese Begründung generiert sich nicht nur aus der Annahme, dass der Bedarf an Akademiker_innen weiter steigen wird, beziehungsweise die steigende Komplexität der Arbeitswelt immer öfter eine akademische Ausbildung als Zugangsvoraussetzung in den Beruf verlangt, sondern die Orientierung an anderen europäischen Staaten zu der Annahme veranlasst, dass Deutschland auf diesem Gebiet rückständig ist und sich den Systemen anderer Länder annähern wird.

„Gerade wenn Sie sich Frankreich anschauen oder auch den ganzen UK-Bereich. Also ich glaube diese Denkweise, die altehrwürdige akademische Denkweise, ist glaube ich schon in den deutschsprachigen Ländern sehr verfestigt" (K8, Abs. 177).

Hier wird eine Tendenz zur Auflösung dieser traditionellen Denkweisen gesehen, die ihren Ausdruck beispielsweise in politisch aufgelegten Programmen wie der *ANKOM-Initiative* oder des Bundeswettbewerbs *Aufstieg durch Bildung: offene Hochschulen* finden. Als Resultat der politisch gesteuerten Bedeutungszumessung zu diesem Thema wird mit einer Expansion an Modellen zur Anerkennung und Anrechnung außerhochschulisch erworbener Kompetenzen gerechnet.

„Und dann wird es natürlich irgendwann mehr Modelle geben für diese berufsbegleitenden Studiengänge, wo Anrechnung impliziter Teil von mindestens ein bis zwei, drei Semestern sein wird und nicht nur ein Modul, nicht nur sechs ECTS [umfasst]" (K7, Abs. 107).

Diese Prognose zeichnet sich auch durch die Beobachtung der Entwicklung dieses Themas in der Praxis in den letzten Jahren ab. An einer Hochschule, die bereits heute die Entwicklung der Antragstellenden auf Anrechnung außerhochschulisch erworbener Kompetenzen erhebt und dokumentiert, wird im Rahmen des Expert_inneninterviews die Vermutung geäußert, dass sich diese Entwicklung weiter fortschreiben lässt.

> „Die Interessenten haben so ein Bewusstsein dafür entwickelt: [...], wir wissen, was für Vorteile das hat und wollen gezielt danach gucken, wie kann man sowas verkürzen und auch die Kosten reduzieren' [...]. Also diese Gruppe an Interessenten, die einen Antrag auf Anrechnung stellt, wird eigentlich immer größer, zumindest bei uns" (K4, Abs. 117).

Allerdings kann diese Entwicklung nicht als repräsentativ für die befragten Expert_innen gelten. So kann sich eine andere befragte Person nur *„schlecht vorstellen, dass es auf einmal einen sehr rasanten Anstieg an Nachfrage danach [Anrechnung außerhochschulischer Kompetenzen] gäbe"* (K1, Abs. 71).

Gegen einen weiteren Ausbau der Anerkennung und Anrechnung außerhochschulisch erworbener Kompetenzen würde auch ein für möglich gehaltenes Szenario sprechen, welches es beispielsweise den Industrie- und Handelskammern erlaubt, Bachelorabschlüsse zu verleihen.

> „[...] und dann wäre es keine Anerkennung mehr. Eine andere Art der akademischen Bildung. Dann hätte man eben unterschiedlich wertige akademische Abschlüsse" (K3, Abs. 125).

In der Gesamtschau wird dem Feld der Anerkennung und Anrechnung außerhochschulisch erworbener Kompetenzen ein starker Bedeutungszuwachs prognostiziert. Damit zukünftig den Anforderungen von Politik, Wirtschaft und (nicht-traditionellen) Studienbewerber_innen nachgekommen werden kann, äußern die Expert_innen klare Vorstellungen, wie sich das Feld in den nächsten Jahren entwickeln könnte und müsste, um den gesamtgesellschaftlichen Anforderungen Rechnung tragen zu können.

> „[...] vielleicht schafft man es da auch wirklich unter den Hochschulen, dass sich die internen Kontrollgremien nicht mehr einschalten müssen" (K6, Abs. 109).

Der Wunsch nach einem *„weg von den Einzelprüfungen, weg von dem Durcheinander"* (K5, Abs. 160) scheint in dem beforschten Feld weit verbreitet zu sein. Für die Zukunft wird die Erwartung formuliert, die quer durch das Bundesgebiet gesammelten Erfahrungen zu kanalisieren und zu strukturieren. Daraus könnte sich eine bundeseinheitliche Vorgabe entwickeln.

„[...] dass man den [staatlich geprüften Berufsabschluss] mit mindestens einem
Jahr auf drei Jahre anrechnen soll. Dann müssen die Hochschulen sehen, wie die
das hinkriegen" (ebd.).

Anhand der Interviews wird deutlich, dass die mit der Steuerung des Prozesses
betrauten Expert_innen auf handhabbare und übertragbare pauschalisierte Verfahren mit entsprechender Rechtssicherheit warten, die an ihrer Hochschule
implementiert werden können. Die Anforderungen an diese Verfahren können
wie folgt prägnant zusammengefasst werden.

„Weg von diesen Einzelanrechnungsbemühungen, Verhandlungen und Patenschaf-
ten mit der einen Berufsschule und mit der einen nicht. Das ist auf Dauer auch nicht
effizient" (ebd.).

Ein wichtiger Aspekt ist der Wunsch nach transparenten, pauschalen Verfahren
in dem Zusammenhang mit den vorhandenen weitreichenden rechtlichen Rahmenbedingungen. Die äußeren Vorgaben lassen die gewünschten Verfahren
durchaus zu. Eine konsequente Entwicklung solcher Systematiken hingegen hat
bis heute in der Fläche nicht stattgefunden.

7 Ergebnissicherung, Empfehlungen, Adaptierung

Durch die Analyse der rechtlichen Rahmenbedingungen auf europäischer, nationaler und landesspezifischer Ebene, der einschlägigen Literatur zu Anerkennung und Anrechnung, der Studien- und Prüfungsordnungen der Angebote wissenschaftlicher Weiterbildung hessischer Hochschulen sowie der grundständigen Studienangebote an hessischen Hochschulen im Hinblick auf Anerkennung und Anrechnung, der im Rahmen der ANKOM-Initiative geförderten Projekte und der Expert_inneninterviews ist es gelungen, ein klareres Bild von der Thematik der Anerkennung und Anrechnung außerhochschulisch erworbenen Kompetenzen an hessischen Hochschulen und darüber hinaus zu zeichnen. Im Folgenden werden die Ergebnisse der Dokumentenanalyse (vgl. Kapitel 3; 4; 5) und der Expert_inneninterviews zusammenfassend dargestellt. Zum Abschluss dieser Arbeit werden Empfehlungen für eine nachhaltige Implementierung von Verfahren der Anerkennung und Anrechnung außerhochschulisch erworbener Kompetenzen gegeben sowie eine Einschätzung der Adaptierungspotentiale auf das Feld der wissenschaftlichen Weiterbildung vorgenommen.

7.1 Ergebnissicherung und Empfehlungen anhand der Dokumentenanalysen

Die Grundlage, außerhochschulisch erworbene Kompetenzen anzuerkennen beziehungsweise anzurechnen, bilden die rechtlichen Rahmenbedingungen, festgelegt in den jeweiligen Landesgesetzen sowie durch die Vorgaben der KMK. Mit den getroffenen Regelungen besteht für die Hochschulen viel Spielraum in Bezug auf die Umsetzung. Es bleibt die hoheitliche Entscheidung der jeweiligen Hochschule, ob und wie viel sie anerkennt, beziehungsweise auf Studienprogramme anrechnet. Trotz der eindeutigen Empfehlung durch die KMK, außerhochschulisch erworbene Kompetenzen anzuerkennen und anzurechnen, legt das HHG in § 18 fest, dass diese Kompetenzen bei nachgewiesener Gleichwertigkeit angerechnet werden können, aber nicht müssen. Im Falle der Anrechnung ist die Hochschule lediglich gebunden an die Vorgabe, dass maximal 50 Prozent eines Studiums angerechnet werden dürfen und hat in der Folge für die Qualitätssicherung Sorge zu tragen. Inwiefern diese wenig beschränkenden Regelungen in Hessen die Motivation der Hochschulen außerhochschulisch erworbene Kompetenzen anzuerkennen und anzurechnen, beeinflusst, wird im weiteren Verlauf dieses Kapitels diskutiert. Daneben wird der Blick auf weitere Bundesländer gerichtet.

Die Sichtung und Analyse der ANKOM-Literatur inklusive der Erfahrungsberichte aus der Praxis haben deutlich gemacht, dass sich die entwickelten Verfahren der pauschalen, individuellen und/oder kombinierten Anrechnung durchgesetzt und grundsätzlich bewährt haben. Die inhaltliche Ausgestaltung der jeweiligen Verfahren ist hingegen sehr unterschiedlich ausgeprägt und bietet in der Breite noch hohes Entwicklungspotential im Hinblick auf Handhabung und Transparenz.

Bei der Betrachtung von 29 weiterbildenden Masterstudiengängen und 239 Zertifikatskursen an 15 hessischen Hochschulen mit Blick auf Verfahren der Anerkennung und Anrechnung in Form einer Homepageanalyse sind mehrere Aspekte deutlich geworden. Sowohl das Verfahren der Anrechnung als Instrument zur Zulassung zu Angeboten der wissenschaftlichen Weiterbildung als auch das Verfahren der Anrechnung als Instrument zur Verkürzung der Studienzeit, sind bei den weiterbildenden Masterstudiengängen deutlich stärker ausgeprägt als bei den Zertifikatskursen. Im Kontext der Anrechnung kann dies damit begründet werden, dass bei Zertifikatskursen die Zulassungsvoraussetzungen oft bereits in Gestalt außerhochschulisch erworbener Kompetenzen festgelegt sind. Eine abgeschlossene berufsspezifische Ausbildung sowie eine nachzuweisende Mindestdauer berufspraktischer Erfahrungen sind gängige Zulassungsbedingungen für an hessischen Hochschulen angebotene Zertifikatskurse. Ähnlich stellt sich der Sachverhalt bei den Weiterbildungsmasterstudiengängen dar. Hier werden in der Regel ein erster berufsqualifizierender Hochschulabschluss sowie eine mindestens einjährige Berufstätigkeit vorausgesetzt. Bei der Analyse der Verfahren zur Anerkennung und Anrechnung im Hinblick auf die Zulassung zu Weiterbildungsmasterstudiengängen konnten Modelle identifiziert werden, in denen eine berufliche Ausbildung in Verbindung mit einschlägiger Berufserfahrung den ersten Hochschulabschluss als Kriterium zur Zulassung ersetzen kann. Hier scheint es stärkere Bestrebungen zu geben, außerhochschulisch erworbene Kompetenzen zur Zulassung nutzbar zu machen.

Auch im Zusammenhang von Anrechnung mit dem Ziel der Verkürzung der Studienzeit beziehungsweise der Verringerung des zu studierenden Workloads können bei den weiterbildenden Masterstudiengängen deutlich mehr Verfahren identifiziert werden als bei den Zertifikatskursen. Dies kann damit begründet werden, dass die Zertifikatskurse in der Regel einen deutlich geringen Gesamtworkload aufweisen als die Masterstudiengänge. Wird dieser Workload zusätzlich durch die Anerkennung und Anrechnung außerhochschulisch erworbener Kompetenzen verkürzt, wird die Präsenzzeit so stark reduziert, dass den Hochschulen nicht mehr genug Workload zur Verfügung steht, ihre eigene Expertise zu platzieren. Die Weiterbildungsmaster, bei denen die Anrechnung außerhochschulisch erworbener Kompetenzen vorgesehen ist, bedienen sich in

der Regel eines individuellen Verfahrens. Hier wird auf Antrag der Studierenden, meist durch den Prüfungsausschuss des jeweiligen Studiengangs, darüber
entschieden, ob die eingebrachten außerhochschulisch erworbenen Kompetenzen mit den Inhalten und Lernergebnissen des Studiums korrespondieren. Ist
dies der Fall, kann das Modul durch die mitgebrachten Kompetenzen ersetzt und
muss damit nicht mehr studiert werden.

Bei der Erhebung ist aufgefallen, dass es sich meist um individuelle Verfahren handelt, deren konkreten Abläufe nicht näher dargestellt werden. Um zu
erheben, ob sich diese bisher wenig verbindlich und wenig transparent ausge-
stalteten Verfahren darin begründen, dass das Gebiet der wissenschaftlichen
Weiterbildung für die Hochschulen noch ein verhältnismäßig junges beziehungsweise wenig entwickeltes Arbeitsfeld darstellt, wurden in einem weiteren
Prozessschritt die Modelle zur Anerkennung und Anrechnung außerhochschulisch erworbener Kompetenzen in Bezug auf die grundständige Lehre untersucht. Zudem bestand das Erkenntnisinteresse darin zu analysieren, welche
Vorgaben es in den Studien- und Prüfungsordnungen gibt. Ziel war es hierbei zu
erheben, wie die bereits zuvor dargestellten rechtlichen Rahmenbedingungen in
den jeweiligen Ordnungen angewandt werden und welchen Spielraum diese
Ordnungen wiederum den Organisationseinheiten der Hochschule bei der Entwicklung von Verfahren der Anerkennung und Anrechnung außerhochschulisch
erworbener Kompetenzen auf die Studienangebote lassen.

Hierzu wurden alle Studien- und Prüfungsordnungen zwei hessischer Universitäten, zwei hessischer Fachhochschulen und einer privaten hessischen
Fachhochschule untersucht. Zum Einordnen und Bewerten der Studien- und
Prüfungsordnungen wurde eine vergleichende Fallübersicht vorgenommen,
welche drei Kategorien definiert. In der ersten Kategorie subsumieren sich Regelungen und Ausführungen, die sich eng entlang der gesetzlichen Rahmenbedingungen orientieren. Innerhalb der zweiten Kategorie werden Verfahren dargestellt, in denen über die Orientierung an gesetzlichen Vorgaben hinaus Erweiterungen und Präzisierungen zur Durchführung von Anrechnungsverfahren
vorgenommen werden. Die dritte Kategorie beschreibt eine detaillierte und
eigens von der Hochschule entwickelte Verfahrensweise zur Anrechnung von
Kompetenzen auf grundständige Hochschulstudiengänge.

In der Auswertung konnte festgestellt werden, dass die meisten erhobenen
Verfahren sich auf der zweiten Stufe einordnen lassen, wobei an den Fachhochschulen, im Gegensatz zu den Universitäten, auch Verfahren der Anerkennung
und Anrechnung außerhochschulisch erworbener Kompetenzen registriert werden konnten, die eigeninitiativ, über die schlichte Orientierung an den rechtlichen Vorgaben hinaus, entwickelt wurden. Eine Vermutung hierfür besteht
darin, dass die Fachhochschulen über einen engeren Bezug zur beruflichen Praxis verfügen und daher eine höhere Akzeptanz für die Anerkennung und Anrechnung außerhochschulisch erworbener Kompetenzen institutionell verankert

122 Ergebnissicherung, Empfehlungen, Adaptierung

ist. Im Zuge der Analyse der privaten Hochschule konnte festgestellt werden, dass der zur Verfügung stehende rechtliche Rahmen weitestgehend ausgeschöpft und darüber hinaus eigene Verfahrensweisen entwickelt wurden. Eine starke Motivation privater Hochschulen, eigene Modelle zu entwickeln und zu implementieren, könnte darin bestehen, dass der überwiegende Teil der Studierenden das Studium berufsbegleitend absolviert. Dadurch entsteht ein hohes Potential für die Anerkennung und Anrechnung außerhochschulisch erworbener Kompetenzen. Zudem erscheint es naheliegend, dass Studierende, die für ihr Studium Teilnahmeentgelte zahlen, einen besonderen Anspruch an das Serviceangebot der Hochschule und damit auch an Möglichkeiten der Anerkennung und Anrechnung stellen.

Es zeigte sich im Gesamten, dass sich die überwiegende Anzahl der Verfahren auf die individuelle Anrechnung konzentriert. Wie diese Verfahren im Einzelnen an den jeweiligen Fachbereichen beziehungsweise innerhalb der einzelnen Prüfungsausschüsse geregelt werden, konnte anhand der öffentlich zugänglichen Dokumente nicht erschlossen werden.

Um die bisherigen Erkenntnisse in einen größeren Gesamtzusammenhang zu bringen, wurden die an den hessischen Hochschulen exemplarisch analysierten Studien- und Prüfungsordnungen mit den Rahmenbedingungen verglichen, welche die jeweiligen Ordnungen der durch die ANKOM-Initiative geförderten Projekte aufweisen. Hierdurch sollte eine Einschätzung abgegeben werden, ob die Vorgaben der Ordnungen, die innovative Entwicklung von Verfahren zur Anerkennung und Anrechnung außerhochschulisch erworbener Kompetenzen, wie sie im Rahmen von ANKOM entwickelt wurden, zulassen oder ob eine Modifizierung und Anpassung der Studien- und Prüfungsordnungen der hessischen Hochschulen die Voraussetzung für die nachhaltige Implementierung solcher Verfahren ist.

Bei der Untersuchung der Studien- und Prüfungsordnungen der durch die ANKOM-Initiativen geförderten Projekte ließen sich Besonderheiten im Hinblick auf die Anerkennung und Anrechnung außerhochschulisch erworbener Kompetenzen identifizieren, dennoch konnte nicht festgestellt werden, dass sich diese Besonderheiten auf die Möglichkeit der Implementierung von innovativen Systemen auswirken. Dies weist darauf hin, dass nicht die Formulierungen in den die Anrechnungsverfahren regelnden Ordnungen die ausschlaggebenden Faktoren für umfangreiche und innovative Anrechnungsmodelle sind, sondern es vielmehr auf den individuellen Umgang mit den rechtlichen Rahmenbedingungen durch die jeweilige Hochschule ankommt.

Daraus kann abgeleitet werden, dass auch an hessischen Hochschulen innovative Systematiken zur Anerkennung und Anrechnung außerhochschulisch erworbener Kompetenzen eingeführt werden können, ohne dass die Studien- und Prüfungsordnungen geändert werden müssen. Unabhängig von dieser Erkenntnis kann die Empfehlung ausgesprochen werden, sich an (in Kapitel 5.3

aufgezeigten) einzelnen Formulierungen zu orientieren und die eigenen Studien- und Prüfungsordnungen um diese zu erweitern.

Eine Festschreibung von Regelungen in den grundlegenden Rahmenordnungen für Studiengänge könnte die Akzeptanz für das Themengebiet der Anerkennung und Anrechnung steigern. Mit einer Verankerung von Regelungen zur Anerkennung und Anrechnung außerhochschulischer Leistungen in den Studien- und Prüfungsordnungen kann eine nachhaltige Verankerung der Thematik innerhalb der Hochschule angestrebt werden. Durch die formale Fixierung wird eine Auseinandersetzung mit der Thematik notwendig, um Studienprogramme zu (re-)akkreditieren.

Darüber hinaus kann die Empfehlung an die Hochschulen ausgesprochen werden, eigene Anrechnungsordnungen zu entwickeln und in Kraft zu setzen. Dies würde für eine höhere Verbindlichkeit sorgen, den Organisationseinheiten Struktur und Sicherheit bei der Entwicklung von Verfahrensweisen garantieren und das gesamte Arbeitsfeld der Anerkennung und Anrechnung außerhochschulisch erworbener Kompetenzen prominent positionieren. Um einen hochschuleinheitlichen und verbindlichen Rahmen zu schaffen sowie gleichzeitig den individuellen Bedürfnissen der Organisationseinheiten im Hinblick auf die Thematik gerecht zu werden, bietet sich eine hochschulweite Rahmenordnung an. Durch fachspezifische Anrechnungsordnungen könnten in den einzelnen Hochschulabteilungen Konkretisierungen vorgenommen werden, die den jeweils individuell erwarteten Zielgruppen sowie den Besonderheiten der fachlichen Disziplin Rechnung tragen.

7.2 Ergebnissicherung und Empfehlungen anhand der Expert_inneninterviews

Mit der Durchführung der Expert_inneninterviews kann ein bedeutender Einblick von der derzeitigen Situation an den Hochschulen in Bezug auf das Feld der Anerkennung und Anrechnung außerhochschulisch erworbener Kompetenzen gewonnen werden. Nahezu alle befragten Personen geben an, dass für dieses Thema an vielen Stellen in der Hochschule nur wenig Akzeptanz herrscht. Die mangelnde Akzeptanz kann als Folge aus dem Bestehen von unterschiedlichen Spannungsfeldern im Hinblick auf Anerkennung und Anrechnung betrachtet werden. Im Laufe der Interviewführung haben sich folgende Problematiken herauskristallisiert und werden im weiteren Verlauf des Kapitels erörtert:

- Mangelndes fachliches Wissen zum Thema Anerkennung und Anrechnung bei beteiligten Akteur_innen
- Mangel an hochschulischen Rahmenordnungen und Strukturen

- Mangelndes Vertrauen in das Niveau außerhochschulisch erworbener Kompetenzen
- Mangel an finanziellen Ressourcen zur Entwicklung von Anrechnungsmodellen
- Mangel an zeitlichen Kapazitäten der beteiligten Akteur_innen
- Mangelndes Interesse der Hochschulen, eine weitere Zielgruppe explizit zu bedienen

7.2.1 Mangelndes fachliches Wissen

Das fehlende fachliche Wissen von Mitarbeitenden in Bezug auf Anerkennung und Anrechnung nährt in hohem Maße eine zurückhaltende bis ablehnende Haltung. In den Interviews wird deutlich, dass die meisten Befragten keine oder nur ungenaue Kenntnis darüber haben, wie ihre Hochschule die Begriffe ‚Anerkennung' und ‚Anrechnung' versteht. Dies führt dazu, dass innerhalb der Hochschulen verschiedene Verständnisse zu den Begrifflichkeiten existieren, was zu Unklarheiten und Missverständnissen führt. Dadurch wird eine ablehnende Haltung zu der Gesamtthematik gefördert. Dieser Tatsache kommt eine besondere Gewichtung zu, wenn bedacht wird, dass die befragten Personen als die Ansprechpartner_innen zum Thema Anerkennung und Anrechnung außerhochschulisch erworbener Kompetenzen in der jeweiligen Hochschule gelten. Diese Tatsache wirft die Frage auf, inwiefern die befragten Expert_innen es schaffen können, dieses Themenfeld in der Hochschule bekannt zu machen und gegenüber Mitarbeitenden transparent darzustellen. Darüber hinaus kann vermutet werden, dass Schwierigkeiten dabei entstehen könnten, diese Thematik selbstbewusst in der Hochschule und gegenüber Entscheidungsträger_innen zu vertreten, wenn ausgeprägte fachliche Unsicherheiten vorhanden sind. Dies kann über längere Sicht die Ablehnung innerhalb einer Institution verstärken und bei beteiligten Akteur_innen zu einer Vermeidungshaltung führen. Um dieser Entwicklung entgegenzuwirken, erscheint die Schulung von den Expert_innen eine wichtige Maßnahme, um fachlich verlässliche Ansprechpersonen in den Hochschulen zu haben, die mit fundierten Argumenten in eine Diskussion gehen können.

7.2.2 Mangel an hochschulischen Rahmenordnungen und Strukturen

Neben dem thematisierten Mangel an fachlichem Wissen bei vielen an den Hochschulen mit der Thematik betrauten Akteur_innen, lassen sich fehlende Rahmenordnungen und Strukturen erkennen. Hier wird die Auswirkung der Untersuchung der Studien- und Prüfungsordnungen im Rahmen der Sekundäranalyse deutlich. Da es kaum Hochschulen gibt, die Verfahren der Anerkennung und Anrechnung außerhochschulisch erworbener Kompetenzen in der Breite in ihren Studien- und Prüfungsordnungen transparent verankern, fehlen Strukturen, in denen qualitätsgesicherte Verfahren entwickelt und umgesetzt werden können. Die Empfehlung zur Festschreibung von Rahmenbedingungen in den Ordnungen oder im Idealfall in gesonderten Anrechnungsordnungen kann an dieser Stelle noch einmal wiederholt und bekräftigt werden. Die handelnden Akteur_innen in den Hochschulen sind auf einheitliche und klare Rahmenbedingungen angewiesen, um das komplexe Themengebiet Anerkennung und Anrechnung außerhochschulisch erworbener Kompetenzen adäquat bearbeiten zu können. Solange diese Rahmenbedingungen nicht geschaffen sind und es sowohl innerhalb als auch zwischen den Hochschulen unterschiedliche Verständnisse zu den zentralen Begrifflichkeiten gibt, werden nachhaltige, transparente und qualitätsgesicherte Verfahren der Anerkennung und Anrechnung außerhochschulisch erworbener Kompetenzen die Ausnahme bleiben.

7.2.3 Mangelndes Vertrauen in das Niveau außerhochschulischer Kompetenzen

Im Rahmen der Expert_inneninterviews wird angeführt, dass die Thematik der Anerkennung und Anrechnung außerhochschulisch erworbener Kompetenzen das Selbstverständnis der Institution schädigen könnte, wenn der Eindruck entstünde, dass Studierende mit wenig Aufwand einen Abschluss erzielten. Es bestehen seitens der Hochschulen Vorbehalte gegenüber dem Niveau außerhochschulisch erworbener Kompetenzen im Vergleich zu dem Niveau hochschulisch vermittelter Kompetenzen. Daran knüpft die Befürchtung an, den Ruf der Hochschule als Vermittler von Kompetenzen auf hohem wissenschaftlichem Niveau zu beschädigen. Es muss innerhalb der Hochschulen deutlich gemacht werden, dass nur als gleichwertig anerkannte Kompetenzen auch angerechnet werden dürfen. Wenn die Hochschule feststellen kann, dass Bewerber_innen über das Wissen und Können verfügen, welches sie auch durch das aktive Studieren an der Hochschule erlangt hätten, kommt eine Anrechnung von Kompetenzen in Frage. Das mangelnde Vertrauen und die hohen Vorurteile der Hochschulen gegenüber der Thematik stehen in direktem Zusammenhang der zuvor behandelten Spannungsfelder des Mangels an Fachwissen und klaren Strukturen.

7.2.4 Mangel an finanziellen Ressourcen zur Entwicklung von Anrechnungsmodellen

Neben der Problematik, das fachliche und operative Wissen erweitern zu müssen, stellt die Finanzierung von Verfahren zur Anerkennung und Anrechnung von außerhochschulisch erworbenen Kompetenzen einen wichtigen Aspekt dar. Die finanziellen Ressourcen sind dabei mehrdimensional zu betrachten:

- Entwicklungskosten von Verfahren
- Anwendungskosten der Verfahren

Bei der Entwicklung eines Anrechnungsverfahrens können unterschiedlich hohe Kosten entstehen. Dies steht in Abhängigkeit zu der Verfahrenswahl (vgl. Hanak/Sturm 2015, S. 49ff). Eine Möglichkeit, die finanzielle Mehrbelastung für die jeweilige Hochschule zu minimieren, ist die Auseinandersetzung mit der Thematik im Rahmen von Drittmittelprojekten. Allerdings sollte bei diesem Vorgehen die Möglichkeit einer nachhaltigen Implementierung in die Hochschulstrukturen nach Ende einer Projektlaufzeit von vornherein mit bedacht werden. Aus den Gesprächen mit den Expert_innen hat sich ergeben, dass in vielen Fällen Verfahren zur Anerkennung und Anrechnung in einzelnen Hochschulabteilungen praktiziert werden, aber nicht in der gesamten Hochschule bekannt sind und/oder zur Anwendungen kommen. Dies kann zu einer Mehrfachbelastung von finanziellen Ressourcen führen, wenn beispielsweise in mehreren Abteilungen einer Hochschule Parallelstrukturen finanziert werden, anstelle einer für die gesamte Hochschule agierenden Einheit. So könnten vorhandene Kapazitäten geschont und in anderer Weise zum Einsatz gebracht werden. Darüber hinaus könnte so sichergestellt werden, dass ein hochschulweit einheitlich gehandhabtes und qualitativ gesichertes Verfahren umgesetzt wird.

Die Bearbeitung von Anrechnungsanträgen wird von den meisten befragten Personen als Serviceleistung gegenüber Studierenden und Studieninteressierten gesehen. Aus diesem Grund wird von Antragstellenden keine Gebühr verlangt, um den Attraktivitätswert für Interessenten nicht zu mindern und die Chancengleichheit nicht zu gefährden. Bei weiterbildenden Studienangeboten kann dieser Service in Teilnehmendenentgelten von Beginn an mit kalkuliert werden, sodass eine Kostendeckung gewährleistet ist. Bei grundständigen Programmen ist diese Möglichkeit nicht gegeben.

7.2.5 Mangel an zeitlichen Kapazitäten der beteiligten Akteur_innen

Nicht nur die finanziellen Ressourcen einer Hochschule spielen im Bereich von Anerkennung und Anrechnung eine wesentliche Rolle. Der Faktor Zeit muss ebenfalls berücksichtigt werden. Die Befragten nennen hier als Hauptproblem, dass die Bearbeitung und Prüfung von Anträgen zusätzlich zur ohnehin hohen Arbeitsbelastung geschehen muss. In wenigen Ausnahmefällen ist diese Prüfung originäre Aufgabe oder es konnte an anderer Stelle die Arbeitsbelastung reduziert werden. Dieser zusätzliche Aufwand fördert bei den beteiligten Akteur_innen von Anfang an eine negative Grundhaltung gegenüber dem Thema Anerkennung und Anrechnung außerhochschulisch erworbener Kompetenzen. Durch diesen Aspekt kann die bereits formulierte Forderung nach zentralen Abteilungen unterstrichen werden, denen die zeitlichen Ressourcen zur Verfügung stehen, sich intensiv der Bearbeitung und Koordinierung von Anträgen zu beschäftigen.

7.2.6 Mangelndes Interesse der Hochschulen, eine weitere Zielgruppe explizit zu bedienen

Das zum Teil mangelnde Interesse, das Thema Anerkennung und Anrechnung außerhochschulisch erworbener Kompetenzen an den Hochschulen verstärkt in den Vordergrund treten zu lassen, ist auch dadurch bedingt, dass die Notwendigkeit von den Verantwortlichen nicht gesehen wird. Vor allem für Studierende mit beruflichem Erfahrungshintergrund oder mit einer Berufsausbildung birgt die Anerkennung und Anrechnung von Kompetenzen aus diesem Bereich ein hohes Potential, bei Aufnahme eines Studiums bereits Erlerntes einbringen zu können. Demgegenüber steht die Tatsache, dass viele Hochschulen bereits an ihren Kapazitätsgrenzen operieren. Dadurch besteht eine geringe Motivation, sich eine weitere Zielgruppe zu erschließen, was eine zusätzliche Erhöhung der Studierendenzahl bedeutet. Daneben bestehen seitens vieler Akteur_innen innerhalb der Hochschulen Zweifel daran, inwiefern außerhochschulisch erworbene Kompetenzen überhaupt vom Niveau her auf ein Hochschulstudium anrechenbar sein könnten. Dies fördert im negativen Sinne die Haltung gegenüber der Anerkennung und Anrechnung außerhochschulisch erworbener Kompetenzen. Nicht zuletzt durch diese Aspekte kann es eine große Herausforderung bedeuten, diese Thematik an einer Hochschule in den Vordergrund zu rücken.

Die nachfolgende Grafik soll noch einmal in einer Gesamtschau die beschriebenen Einflussfaktoren in Bezug auf eine nachhaltige Implementierung von Verfahren der Anerkennung und Anrechnung außerhochschulisch erworbener Kompetenzen veranschaulichen.

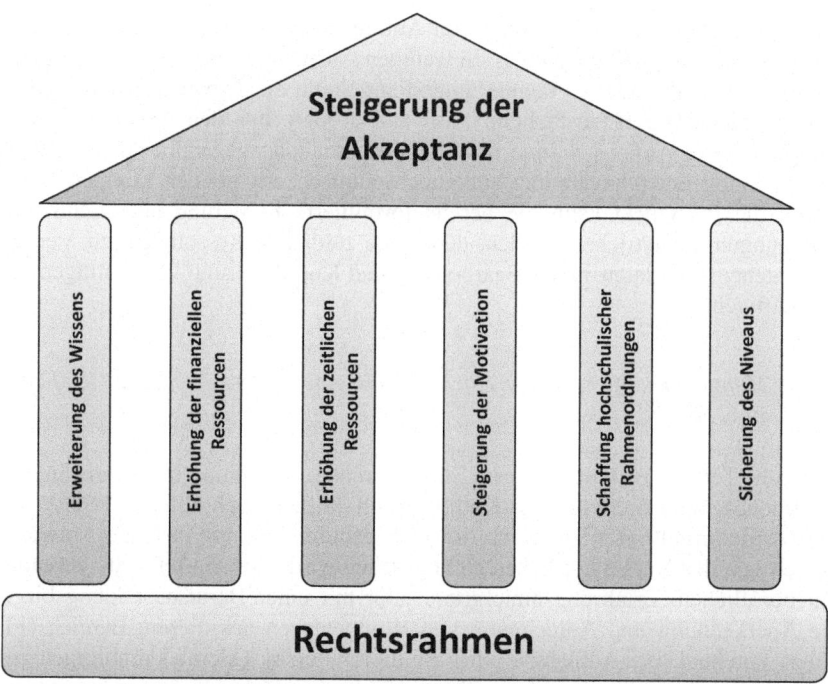

Abbildung 2:   Identifizierte Faktoren für eine erfolgreiche Implementierung
von Verfahren der Anerkennung und Anrechnung außerhochschulisch erworbener Kompetenzen

7.3 Empfehlungen an die Hochschulen und Adaptierung auf das Feld der wissenschaftlichen Weiterbildung

Wird zunächst betrachtet, wie Initiativen mit dem Ziel der Entwicklung, Erpro-
bung und Verstetigung von Verfahren der Anerkennung und Anrechnung in den
Hochschulen verankert sind, zeigt sich, dass diese Thematik in der Regel über
drittmittelgeförderte Pilotprojekte in die Hochschulen getragen wird. Daher
erscheint es sinnvoll, eine nachhaltige Implementierung ‚bottom up – top down'
in die Hochschulstrukturen einzuführen. Durch geförderte Projekte werden
Verfahren in einzelnen Hochschulabteilungen eingeführt, erprobt und optimiert.
Auf diese Weise können Schwachstellen nachjustiert und das Verfahren im
Ganzen verbessert werden (‚bottom up'). Ist ein qualitätsgesichertes und transparentes Verfahren entwickelt worden, welches klare Strukturen vorgibt und
gleichzeitig den unterschiedlichen Organisationseinheiten der Hochschule den

notwendigen Gestaltungsraum einräumt, die Verfahren nach ihren individuellen Bedürfnissen auszugestalten, bedarf es einer hochschulpolitischen Entscheidung, dieses Gesamtkonzept der Anerkennung und Anrechnung außerhochschulisch erworbener Kompetenzen hochschuleinheitlich und verbindlich einzuführen (‚top down').

Bei Betrachtung der sechs identifizierten und dargestellten Spannungsfelder der mangelnden Akzeptanz für die Thematik der Anerkennung und Anrechnung außerhochschulisch erworbener Kompetenzen, kann eine Zweiteilung in Bezug auf die Beeinflussung dieser Spannungsfelder vorgenommen werden. Während die ersten drei Aspekte,

- das mangelnde fachliche Wissen zum Thema Anerkennung und Anrechnung bei beteiligten Akteur_innen
- der Mangel an hochschulischen Rahmenordnungen und Strukturen
- das mangelnde Vertrauen in das Niveau außerhochschulischer Kompetenzen

direkt im Rahmen von drittmittelgeförderten Projekten und Initiativen an den Hochschulen in den Fokus genommen und mit gezielten Maßnahmen bearbeitet werden können, sind die letzten drei Aspekte des

- Mangels an finanziellen Ressourcen zur Entwicklung von Anrechnungsmodellen
- Mangels an zeitlichen Kapazitäten der beteiligten Akteur_innen
- Mangels an Interesse der Hochschulen, eine weitere Zielgruppe explizit zu bedienen

nicht auf dieser Ebene zu bearbeiten, da es sich hierbei um hochschulpolitische Entscheidungsebenen handelt, auf die im Rahmen von Förderprogrammen wenig Einfluss genommen werden kann. Die Handlungsempfehlungen, die nachfolgend als Ergebnis des gesamten Forschungsprozesses gegeben werden können, berücksichtigen daher primär die ersten drei Dimensionen zur Akzeptanzsteigerung. Die Autoren prognostizieren, dass eine intensive Bearbeitung dieser Aspekte direkte oder indirekte Auswirkungen auf die Spannungsfelder haben werden, die nur durch hochschulstrategische Entscheidungen verändert werden können. Dabei ist die gleichzeitige Bearbeitung aller drei Spannungsfelder notwendig, um die Akzeptanz in ihrer Gesamtheit zu steigern.

Zusätzlich sollen aber auch Steuerungsmöglichkeiten der Hochschulen thematisiert werden, um die Akzeptanz für das Feld der Anerkennung und Anrechnung außerhochschulisch erworbener Kompetenzen positiv beeinflussen zu können.

Um dem mangelnden fachlichen Wissen in der Hochschule und bei den Expert_innen im speziellen adäquat zu begegnen, wird eine breite Aufklärungskampagne innerhalb der Hochschule als hilfreiches Instrument gesehen. Es ist empfehlenswert, einen Konsens über Ziele und mögliche Instrumente eines Verfahrens zur Anerkennung und Anrechnung herzustellen, um Vorurteilen und Unsicherheiten präventiv begegnen zu können. Für alle direkt mit dem Verfahren betrauten Akteur_innen, sowohl auf Seite der Verwaltung als auch auf Seite der Lehrenden, kann eine Wissensvermittlung in Gestalt eines Workshopkonzepts empfohlen werden.[13] Die Akteur_innen werden zu einem gemeinsamen Verständnis der Begrifflichkeiten, über die rechtlichen Rahmenbedingungen, Verfahrensgrundsätze und Umsetzungsmöglichkeiten geschult sowie dazu befähigt, eigene transparente, qualitätsgesicherte und an den individuellen Bedürfnissen der jeweiligen Organisationseinheit angepasste Verfahren zu entwickeln. Eine ausgeprägte Expertise bei den für das Verfahren relevanten Akteur_innen ist von besonderer Bedeutung, um qualitativ hochwertige Verfahrensweisen zu entwickeln. Gleichzeitig gilt diese Gruppe auch als Multiplikator des für die Akzeptanz notwendigen Expert_innenwissens in den Hochschulen.

Wie bereits in der Analyse der Studien- und Prüfungsordnung und den Expert_inneninterviews deutlich geworden ist, spielt eine verlässliche und belastbare Struktur eine besondere Rolle, sowohl zur Steigerung der Akzeptanz als auch als Grundlage zur Entwicklung von Verfahren. In einer bestimmten Hochschulabteilung könnte daher eine Anrechnungsordnung entwickelt und mit dem Ziel erprobt werden, sie auf die gesamte Hochschule übertragbar zu machen. Die verbindliche Einführung einer solchen Ordnung würde nicht nur durch den entstehenden Handlungsdruck für die Hochschulabteilungen das Feld der Anerkennung und Anrechnung außerhochschulisch erworbener Kompetenzen an Bedeutung gewinnen lassen. Mit dem Inkrafttreten einer solchen Ordnung entstünden auch belastbare Strukturen, auf deren Grundlage rechtssichere Verfahren entwickelt werden könnten.

Der Aspekt des mangelnden Vertrauens in das Niveau außerhochschulisch erworbener Kompetenzen kann als wesentlich angesehen werden bei der Frage nach der Akzeptanz der Thematik. Hier wird die enge Verknüpfung mit den beiden zuvor behandelten Aspekten der Aufklärung über und der Strukturierung der Prozesse deutlich. Auf der Grundlage eines einheitlichen Verständnisses kann mit breit gestreutem Wissen zu der Thematik und verlässlichen Strukturen durch Ordnungen verdeutlicht werden, dass eine Entwicklung transparenter und qualitätsgesicherter Verfahren möglich ist. In dieser Hinsicht kommt unterstützend hinzu, dass im Rahmen des Bologna-Prozesses alle Studiengänge in der Formulierung von Lernzielen auf Lernergebnisse umzustellen sind. Diese Lernergebnisse können als Grundlage zur Anerkennung von Kompetenzen dienen.

Gelingt eine positive Steuerung dieser drei zentralen Aspekte zur Steigerung der allgemeinen Akzeptanz für das Themenfeld der Anerkennung und

---

13 Hierzu haben die Autoren ein entsprechendes Workshopkonzept sowie ein ‚Web Based Training' entwickelt und erprobt.

Anrechnung außerhochschulisch erworbener Kompetenzen, könnte dies auch einen positive Einfluss auf weitere hochschulstrategische Entscheidungen haben. Wurden die Chancen und Möglichkeiten erkannt, welche die Thematik für die Hochschule birgt und soll Anerkennung und Anrechnung fester Bestandteil der Hochschulstrategie sein, empfiehlt es sich, in nachhaltige Ressourcen über die Laufzeit von Drittmittelprojekten hinaus zu investieren, um eine Verstetigung der entwickelten Verfahren sicher zu stellen. Dies kann beispielsweise dadurch geschehen, dass eine hochschulübergreifende Einheit geschaffen wird, die Beratung zum Thema Anerkennung und Anrechnung sowohl für die Hochschule selbst als auch für Anrechnungsinteressierte vornimmt. Hier müssten finanzielle Ressourcen beziehungsweise zeitliche Budgets zur Verfügung gestellt werden. Gleichzeitig würde so eine Entlastung der dezentral arbeitenden und oft mit unzureichendem Fachwissen auf diesem Gebiet ausgestatteten Akteur_innen erreicht werden. Das Wissen könnte zentral gebündelt und für sämtliche Stakeholder der Hochschule nutzbar gemacht werden. Neben der zu erwartenden Akzeptanzsteigerung innerhalb der Hochschule könnte die Thematik durch die Schaffung solcher Strukturen auch wahrnehmbar nach außen kommuniziert werden. In Kombination mit dem demografischen Wandel und der wachsenden Bedeutung des Konzeptes des Lebenslangen Lernens könnte sich durch die bisher beschriebenen Maßnahmen an den Hochschulen die Erkenntnis durchsetzen, wie bedeutsam qualitativ hochwertige Verfahren der Anerkennung und Anrechnung außerhochschulisch erworbener Kompetenzen für die Öffnung der Hochschule für neue Zielgruppen sind.

In der Gesamtschau der Arbeitsschritte des forschungspraktischen Vorgehens kann resümiert werden, dass die Steigerung der Akzeptanz für die Anerkennung und Anrechnung außerhochschulisch erworbener Kompetenzen Grundvoraussetzung für die dauerhafte und nachhaltige Durchführung qualitätsgesicherter Verfahren ist.

Mit Blick auf die wissenschaftliche Weiterbildung zeigen die Analysen und Befunde ein großes Potential für die Adaptierung und erweiterte Nutzung bereits bewährter Verfahren.

Im Unterschied zu den Studierenden in konsekutiven Masterstudiengängen verfügen Studierende in der wissenschaftlichen Weiterbildung meist über mehrjährige berufspraktische Erfahrung, in denen sie vielfältige Kompetenzen erworben haben, welche auf Angebote der wissenschaftlichen Weiterbildung anrechenbar sind. Neben den bereits langjährig erprobten Konzepten der pauschalen, individuellen und kombinierten Anrechnung ist darüber hinaus eine pauschale Anrechnung in Form von Brückenmodulen beziehungsweise Anrechnungsmodulen qualitätsgesichert möglich. Dadurch können weitere Zielgruppen die Möglichkeit bekommen, ein Studienprogramm aufzunehmen. Eine pauschale Reduzierung des zu studierenden Workloads wird zusätzlich erreicht und die Studiendauer der meist berufstätigen Teilnehmenden verkürzt. Je nach Studienangebot, auf das angerechnet werden soll, bieten sich verschiedene Verfahren an. Aufgrund von non-formal oder informell erworbenen Kompetenzen können über ein individuelles Verfahren umfassende Kenntnisse und Fertigkeiten nachgewiesen werden. Bei der Adaptierung von Verfahren aus der grundständigen Lehre ist zu berücksichtigen, dass die Ansprüche der Zielgruppe der Weiterbildungsstudierenden stark von den Ansprüchen der grundständig Studierenden abweichen können. Durch den hohen finanziellen Aufwand der Teilnehmenden und den Erwartungen, die sie aus ihrer beruflichen Tätigkeit außerhalb der Hochschule mitbringen, generiert sich eine erhöhte Erwartungshaltung im Verhältnis zu den grundständig Studierenden. Dies ist bei der Adaptierung von Verfahren aus der grundständigen Lehre besonders zu berücksichtigen. Ziel sollte es sein, Verfahren ‚kundenfreundlicher' zu gestalten, um diese später in die grundständige Lehre zurück zu spiegeln. Neben einem zügigen Verfahrensablauf erscheint es auch notwendig, die verfahrensrechtlichen Rahmenbedingungen bei der Adaptierung noch einmal explizit in den Blick zu nehmen. Die Möglichkeiten für Widersprüche sowie die Begründung der Anrechnungsentscheidung müssen offen und transparent dokumentiert und kommuniziert werden.

In der Gesamtschau aller untersuchten Verfahren, sowohl in der Analyse der Studien- und Prüfungsordnungen als auch aus der vertieften Betrachtung im Rahmen der Expert_inneninterviews lässt sich kein Konzept identifizieren, welches nicht auf die wissenschaftliche Weiterbildung übertragbar ist. Allerdings wird die bloße Adaptierung der Verfahren den Ansprüchen und den bereits vorhandenen anrechenbaren Kompetenzen der Weiterbildungsstudierenden nicht in ausreichendem Maße gerecht. Es empfiehlt sich nach einer Analyse dessen, was für das eigene Studienangebot sinnvoll ist, bereits bewährte Konzepte aus der grundständigen Lehre zu adaptieren und für die Ansprüche und Potentiale der zu erwartenden Zielgruppen zu erweitern. Zur Qualitätssicherung der Angebote und zur innerhochschulischen Akzeptanzsteigerung sollte jedoch auch bedacht werden, ob es Inhalte gibt, die unter keinen Umständen angerechnet werden können, unabhängig davon, ob die Bewerber_innen über die Kompetenzen bereits verfügen. So kann die Hochschule ihre Verfahrenshoheit dazu nutzen, Inhalte, die als besonders profilbildend für das Weiterbildungsangebot gelten, verpflichtend anzubieten und zu prüfen, um sicherzustellen, dass sie den Abschluss nur an Studierende vergibt, bei denen diese profilbildenden Kompetenzen auch an der Hochschule nachgewiesen wurden.

8 Literatur

Beschluss der KMK vom 06.03.2009: Hochschulzugang für beruflich qualifizierte Bewerber ohne schulische Hochschulzugangsberechtigung.

Beschluss der KMK vom 10.10.2003 i.d.F. vom 04.02.2010: Ländergemeinsame Strukturvorgaben für die Akkreditierung von Bachelor- und Masterstudiengängen.

Beschluss der Kultusministerkonferenz vom 10.10.2003 i.d.F. vom 15.06.2007: Ländergemeinsame Strukturvorgaben gemäß § 9 Abs. 2 HRG für die Akkreditierung von Bachelor- und Masterstudiengängen.

Beschluss der Kultusministerkonferenz vom 10.10.2003 i.d.F. vom 18.09.2008: Ländergemeinsame Strukturvorgaben gemäß § 9 Abs. 2 HRG für die Akkreditierung von Bachelor- und Masterstudiengängen.

Beschluss der Kultusministerkonferenz vom 18.09.2008: Anrechnung von außerhalb des Hochschulwesens erworbenen Kenntnissen und Fähigkeiten auf ein Hochschulstudium (II).

Beschluss der Kultusministerkonferenz vom 28.06.2002: Anrechnung von außerhalb des Hochschulwesens erworbenen Kenntnissen und Fähigkeiten auf ein Hochschulstudium (I).

Beschluss der Wirtschaftsministerkonferenz vom 15./16.12.2008 und der Kultusministerkonferenz vom 05.02.2009: Bachelor- und Masterabschlüsse in der beruflichen Weiterbildung.

Brömmel, Gina/Fürst, Carolin/Liersch, Frederike/Link, Sarah/Opper, Stephanie/Schulte, Rebecca (2012): Forschungsprojekt Anerkennungs- und Anrechnungsmodelle – Ergebnisbericht. Unveröffentlichte Seminararbeit.

Faulstich, Peter/Graessner, Gernot/Bade-Becker, Ursula (2007): Länderstudie Deutschland. In: Hanft, Anke/Knust, Michaela (Hg.): Internationale Vergleichsstudie zur Struktur und Organisation der Weiterbildung an Hochschulen, S. 84-188.

Faulstich, Peter/Oswald, Lena (2010): Wissenschaftliche Weiterbildung. Arbeitspapier 200.

Französische Nationalversammlung (17.01.2002): Artikel 133, Validation des acquis de l'expérience, vom 18.01.2002. In: Französische Nationalversammlung (Hg.): LOI n° 2002-73 du 17 janvier 2002 de modernisation sociale. Online : http://www.legifrance.gouv.fr/affichTexte. do?cidTexte=JORFTEXT00000040890 5&dateTexte=&categorieLien=id, (letzter Zugriff: 10.06.2014.

Französisches Bildungsministerium (26.04.1984): Artikel 17, vom 22.06.2000. In: Französisches Bildungsministerium (Hg.): Loi n°84-52 du 26 janvier 1984 sur l'enseignement supérieur. Online: http://www.legifrance.gouv.fr/affichTexte.do?cidTexte=JORFTEXT000000692733& dateTexte=20130221#LEGISCTA000006090554 (letzter Zugriff: 03.12.2013).

Freitag, Walburga Katharina (2010): „Recognition of Prior Learning" – Anrechnung vorgängig erworbener Kompetenzen: EU-Bildungspolitik, Umsetzung in Deutschland und Bedeutung für die soziale und strukturelle Durchlässigkeit zur Hochschule. In: Hans Böckler Stiftung (Hrsg.): Arbeitspapier 208. Düsseldorf, S. 1-50.

Freitag, Walburga Katharina (2010): Recognition of Prior Learning – Anrechnung vorrangig erworbener Kompetenzen: EU-Bildungspolitik, Umsetzung in Deutschland und Bedeutung für die soziale und strukturelle Durchlässigkeit zur Hochschule. Arbeitspapier 208.

Freitag, Walburga Katharina (2011): Anrechnung. Eine Analyse der rechtlichen Regelungen in den Hochschulgesetzen der Länder sowie ausgewählter Prüfungsordnungen von Hochschulen. In: Freitag, Walburga K./Hartmann, Ernst A./ Loroff, Claudia/Stamm-Riemer, Ida/Völk, Daniel/Buhr, Regina (Hrsg.): Gestaltungsfeld Anrechnung. Hochschulische und berufliche Bildung im Wandel. Münster/New York/München/Berlin: Waxmann Verlag, S. 191-217.

Gläser, Jochen/Laudel, Grit (2010): Experteninterviews und qualitative Inhaltsanalyse. Auflage. Wiesbaden: VS Verlag für Sozialwissenschaften.

Hanak, Helmar/Sturm, Nico (2015): Anerkennung und Anrechnung außerhochschulisch erworbener Kompetenzen – Eine Handreichung für die wissenschaftliche Weiterbildung. Wiesbaden: Springer VS-Verlag.

Hanft, Anke/Knust, Michaela (Hrsg.) (2007): Executive Summary der „Internationalen Vergleichsstudie zur Struktur und Organisation der Weiterbildung an Hochschulen" In: Hanft, Anke/Knust, Michaela (Hrsg.) (2012): Internationale Vergleichsstudie zur Struktur und Organisation der Weiterbildung an Hochschulen, S. I-VI.

Hanft, Anke/Maschwitz, Annika (2012): Verankerung von Lebenslangem Lernen an Hochschulen. Ein internationaler Vergleich. In: Hessische Blätter für Volksbildung 2/2012, S.113-124.

Hanft, Anke/Teichler, Ulrich (2007): Wissenschaftliche Weiterbildung im Umbruch – Zur Funktion und Organisation der Weiterbildung an Hochschulen im internationalen Vergleich. In: Hanft, Anke/Knust, Michaela (Hrsg.) (2012):Internationale Vergleichsstudie zur Struktur und Organisation der Weiterbildung an Hochschulen, S. 3-15.

Hessisches Hochschulgesetz vom 14. Dezember 2009 geändert durch Artikel 2 des Gesetzes vom 21. Dezember 2010 (GVBl. I S. 617, 618).

Homepage des ANKOM-Projektes verfügbar unter: http://ankom.his.de/ (zuletzt aufgerufen am: 05.09.2012).

Hopf, Christel (2005): Qualitative Interviews. Ein Überblick. In: Flick, Uwe/ Kardorff, Ernst von/ Steinke, Ines (Hrsg.): Qualitative Forschung. Ein Handbuch. 4. Auflg., Hamburg: Rowohlt, S. 349-360.

HRK Hochschulrektorenkonferenz (2008): HRK-Positionspapier zur wissenschaftlichen Weiterbildung. Beschluss des 588. Präsidiums am 07.07.2008.

HRK/WMK Kultusministerkonferenz/Wirtschaftsministerkonferenz (2009/2008): Bachelor- und Masterabschlüsse in der beruflichen Weiterbildung. Beschluss der Wirtschaftsministerkonferenz vom 15./16.12.2008 und der Kultusministerkonferenz vom 05.02.2009.

Klingowsky, Ulla (2012): Professionalisierung in der wissenschaftlichen Weiterbildung. In: Hessische Blätter für Volksbildung 2/2012, S.143-151.

KMK Kultusministerkonferenz (2002): Anrechnung von außerhalb des Hochschulwesens erworbenen Kenntnissen und Fähigkeiten auf ein Hochschulstudium (I). Beschluss der Kultusministerkonferenz vom 28.06.2002.

KMK Kultusministerkonferenz (2007): Ländergemeinsame Strukturvorgaben gemäß § 9 Abs. 2 HRG für die Akkreditierung von Bachelor- und Masterstudiengängen. Beschluss der Kultusministerkonferenz vom 10.10.2003 i.d.F. vom 15.06.2007.

KMK Kultusministerkonferenz (2008): Anrechnung von außerhalb des Hochschulwesens erworbenen Kenntnissen und Fähigkeiten auf ein Hochschulstudium (II). Beschluss der Kultusministerkonferenz vom 18.09.2008.

KMK Kultusministerkonferenz (2008): Ländergemeinsame Strukturvorgaben gemäß § 9 Abs. 2 HRG für die Akkreditierung von Bachelor- und Masterstudiengängen. Beschluss der Kultusministerkonferenz vom 10.10.2003 i.d.F. vom 18.09.2008.

KMK Kultusministerkonferenz (2009): Hochschulzugang für beruflich qualifizierte Bewerber ohne schulische Hochschulzugangsberechtigung. Beschluss der KMK vom 06.03.2009.

KMK Kultusministerkonferenz (2010): Ländergemeinsame Strukturvorgaben für die Akkreditierung von Bachelor- und Masterstudiengängen. Beschluss der KMK vom 10.10.2003 i.d.F. vom 04.02.2010.

Koordinationsstelle Netzwerk WissWeit: Glossar. Online: http://www.wissweit.de/glossar.php?Nav =13&nav2=18#Z (zuletzt aufgerufen am: 04.08.2012).

Liebold, Renate/Trinczek, Rainer (2002): Experteninterview. In: Kühl, Stefan/Strodtholz, Petra (Hrsg.): Methoden der Organisationsforschung. Ein Handbuch. Reinbek bei Hamburg: Rowohlt Verlag, S. 7-71.

Loroff, Claudia/Stamm-Riemer, Ida/Hartmann, Ernst A. (2011): Anrechnung: Modellentwicklung, Generalisierung und Kontextbedingungen. In: Freitag, Walburga K./Hartmann, Ernst A./Loroff, Claudia/Stamm-Riemer, Ida/Völk, Daniel/Buhr, Regina (Hrsg.): Gestaltungsfeld Anrechnung. Hochschulische und berufliche Bildung im Wandel. Münster: Waxmann Verlag, S. 77-117.

Mayring, Philipp (2003): Qualitative Inhaltsanalyse. Grundlage und Techniken. 8. Auflage. Weinheim und Basel: Beltz Verlag.

Meuser, Michael/Nagel, Ulrike (1997): Das Experteninterview – Wissenssoziologische Voraussetzungen und methodische Durchführung. In: Friebertshäuser, Barbara/Annedore, Prengel (Hrsg.): Handbuch Qualitative Forschungsmethoden in der Erziehungswissenschaft. Weinheim/München: Juventa Verlag, S. 481-491.

Meuser, Michael/Nagel, Ulrike (2009): Das Experteninterview. Konzeptionelle Grundlagen und methodische Anlage. In: Pickel, Susanne/ Pickel, Gert/ Lauth, Hans-Joachim/ Jahn, Detlef (Hrsg.): Methoden der vergleichenden Politik- und Sozialwissenschaft. Neue Entwicklungen und Anwendungen. Wiesbaden: VS Verlag, S. 465-479.

Müskens, Wolfgang (2012): Die Bedeutung von Netzwerken im Rahmen von Anrechnung und Durchlässigkeit. In: Globisch, Sabine/Hartmann, Ernst A./Loroff, Claudia/Stamm-Riemer, Ida (Hrsg.): Bildung für Innovationen – Innovationen in der Bildung. Die Rolle durchlässiger Bildungsangebote in Clusterstrukturen. Münster: Waxmann Verlag, S. 49-59.

Pfadenhauer, Michaela (2005): Das Experteninterview – ein Gespräch zwischen Experte und Quasi-Experte. In: Bogner, Alexander/Littig, Beate/Menz, Wolfgang (Hrsg.): Das Experteninterview. Theorie, Methode, Anwendungen. 2. Auflage. Wiesbaden: VS Verlag für Sozialwissenschaften, S. 113-130.

Präßler, Sarah/Sturm, Nico (2012): Schriftenreihe Nr. 3/Juli 2012. Anrechnung und Anerkennung von Kompetenzen in der wiss. Weiterbildung – eine Bestandsaufnahme. Gießen: Technische Hochschule Mittelhessen.

Sekretariat der Ständigen Konferenz der Kultusminister der Länder in der Bundesrepublik Deutschland (2011): Synoptische Darstellung der in den Ländern bestehenden Möglichkeiten des Hochschulzugangs für beruflich qualifizierte Bewerber ohne schulische Hochschulzugangsberechtigung auf der Grundlage hochschulrechtlicher Regelungen.

Stamm-Riemer, Ida/Loroff, Claudia/Hartmann, Ernst A. (2011): Anrechnungsmodelle. Generalisierte Ergebnisse der ANKOM-Initiative. Hannover: HIS Hochschul-Informations-System.

Verordnung über den Zugang beruflich Qualifizierter zu den Hochschulen im Lande Hessen vom 7. Juli 2010.

Vogt, Helmut (2012): Realisierungsbarrieren wissenschaftlicher Weiterbildung nach Bologna. Wissenschaftliche Weiterbildung der Hochschulreform der siebziger Jahre bis zum Bologna-Prozess. In: Hessische Blätter für Volksbildung 2/2012, S.167-174.

Wolter, Andrä (2011): Die Entwicklung wissenschaftlicher Weiterbildung in Deutschland: Von der postgradualen Weiterbildung zum lebenslangen Lernen. In: Beiträge zur Hochschulforschung 4/2011, S. 8-35.

The manufacturer's authorised representative in the EU is Springer
Nature Customer Service Centre GmbH, Europaplatz 3, 69115 Heidelberg,
Germany. If you have any concerns regarding our products, please
contact ProductSafety@springernature.com

Printed and bound by CPI Group (UK) Ltd, Croydon, CR0 4YY
24/04/2026
02096333-0005